지금 당장 버려라

GET OUT OF YOUR OWN WAY
Copyright ⓒ 1996 by Mark Goulston and Philip Goldberg
All rights reserved

Korean translation copyright ⓒ 2004 by EIN and Company Co., Ltd.
Korean translation rights published by arrangement with Lynn C. Franklin Associates, Ltd.
through Eric Yang Agency, Seoul.

이 책의 한국어판 저작권은 에릭양 에이전시를 통한
Lynn C. Franklin Associates, Ltd.사와의 독점계약으로
한국어 판권을 (주)아인앤컴퍼니가 소유합니다.
저작권법에 의하여 한국 내에서 보호를 받는 저작물이므로
무단전재와 무단복제를 금합니다.

지금 당장 버려라

마크 고울스톤, 필립 골드버그 지음 | 서영조 옮김

아인앤컴퍼니

지금 당장 버려라

초판 제1쇄 발행 2004년 11월 5일
초판 제2쇄 발행 2004년 11월 25일

지은이 | 마크 고울스톤, 필립 골드버그
옮긴이 | 서영조
펴낸이 | 조철선

펴낸곳 | (주)아인앤컴퍼니
등록번호 | 제22-2451호
주소 | 서울특별시 서초구 양재2동 275-1 삼호물산 A동 1816호
전화 | 02-589-0130
팩스 | 02-589-0131
E-mail | books@einandcompany.com
홈페이지 | www.einandcompany.com

인쇄·제본 | (주)아트정글

ISBN 89-91042-05-8 03320
값 10,500원

어빙 고울스톤, 아이디얼 스토츠키,

그리고 윌리엄 맥네어리를

추억하며

'실패에서 배운다' 시리즈 발간에 부쳐

에디슨은 전구를 발명하기 위해 2,000번의 실패를 겪었다고 합니다. 에디슨이 전구를 발명한 후, 기자가 에디슨에게 "2,000번이나 실패하셨으면서 중간에 포기할 생각은 안 하셨습니까?"라고 묻자 에디슨은 "실패라니요. 전 단지 2,000번의 과정을 거쳤을 뿐입니다."라고 했답니다. 그는 실패를 단순히 실패라고, 끝난 것이라고 생각하지 않고 성공을 위한 발판으로 삼았던 것입니다. 그는 우리에게 친숙한 '실패는 성공의 어머니'란 말을 남긴 것으로도 유명합니다.

우리는 실패를 타산지석, 반면교사로 삼아야 한다는 주장은 많이 하면서도 아직까지 실패에서 교훈을 얻으려는 풍토는 만들지 못한 것이 사실입니다. 실패를 통해 새로운 창조를 이끌어내기는커녕 같은 실수와 실패를 반복하고 있는 것입니다.

사실 실패한 경험은 성공으로 판명된 결과만큼 소중하며, 우리는 보통 성공보다는 실패로부터 더 많은 것을 배웁니다. 우리들 대부분은 많은 정력과 시간, 돈을 투자했던 계획이 수포로 돌아가면 모든 것이 끝났다고 생각합니다. 하지만 실패를 모든 것이 끝난 것으로 보아서는 안 되고, 많은 것을 배울 수 있는 기회로 삼아야 합니다. 또한 당신의 실패는 당신과 유사한 상황에 있는 다른 이에게는 직접 경험하지 않고도 소중한 교훈을 얻을 수 있는 간접경험이 됩니다.

우리는 성공을 칭송하며 월계관을 씌워주는 데는 익숙하지만, 실패는 경원시하고 사장시킵니다. 기업들도 성공 사례의 분석에는 상당한 에너지를 투입하지만 실패 사례의 분석은 일회성으로 그치는 경향이 있습니다. 이렇듯 실패에 대한 우리 사회의 자세는 아직 원시적인 수준에 머물러 있습니다.

어떤 일이나 기업도 성공만으로 점철될 수는 없으며 대부분 80의 실패와 20의 성공으로 이루어집니다. 우리 사회와 경제가 한 단계 더 도약하려면 이제 실패를 다루는 태도를 바꾸어야 합니다. 실패를 타산지석으로 삼아 반복되는 실패를 방지하고, 나아가 새로운 창조를 이끌어내는 사회가 되어야 합니다. "나는 실패했다는 이유만으로 누구를 나무란 적이 없습니다. 실패는 나쁜 것이 아닙니다. 실패는 집안을 꾸려가고, 인생을 설계하고, 회사를 경영하는 데 소중한 자산입니다. 그러나 그것을 묻어두는 행위는 매우 나쁜 것입니다." 이와 같은 이건희 삼성그룹 회장의 말처럼 실패는 '더 큰 성공을 위한 신의 선물'이며 똑같은 실수를 반복하지 말라는 '고효율의 과실'입니다.

실제로 성공 사례는 실제 상황에서는 적용능력이 떨어지는 데 반해, 실패 사례를 학습하는 것은 실패하지 않는 방법뿐만 아니라 성공하는 법까지 함께 생각하게 하기 때문에 현실적으로 훨씬 도움이 된다고 합니다.

이런 취지에서 경영 각 분야의 실패 사례집을 '실패에서 배운다'라는 이름의 시리즈로 출간하게 되었습니다. 경영 실패 사례를 책으로 묶어내는 것은 우리나라에서는 아직 생소하지만, 미국·일본 등 선진국에서는 오래 전부터 활발하게 이루어져왔습니다. '실패에서 배운다' 시리즈는 외국에서 출간되었던 우수한 경영 실패 사례집을 선정하여 번역·출간함은 물론, 국내의 우수한 필진이 참여한 국내 실패 사례집도 출간할 예정입니다.

'실패에서 배운다' 시리즈가 다룰 분야는 다음과 같습니다.

- 창 업 편
- 리 더 십 편
- 마 케 팅 편
- 영업관리 편
- 국제경영 편

- 경영일반 편
- 변화관리 편
- 삶의지혜 편
- 경력관리 편
- 재 테 크 편

'실패에서 배운다' 시리즈가 실패를 '명실상부한 성공의 어머니'로 자리매김하게 하는 디딤돌이 되기를 바라며, 기업 일선에서 실패를 겪으면서도 꿋꿋이 털고 일어나 다시 시작하시는 모든 분들께 도움이 되기를 바라는 마음입니다.

(주) 아인앤컴퍼니
조철선

여는글

자기 자신을 망치는
행동습관에서 벗어나려면

의과대학에서 힘든 2년을 보낸 뒤인 1972년, 나는 학교를 그만둘까 말까 하는 기로에 서 있었다. 학교 수업은 내게 너무도 큰 중압감을 주었고, 특별히 흥미가 느껴지는 과목도 없었다. 그래서 어떤 것을 전공으로 선택해야 할지 결정하지 못하고 있었다. 내가 좋아했던 것은 환자들과 함께 시간을 보내는 일이었다. 나는 환자들이 느끼는 괴로움에 공감했고, 환자들을 위로하고 마음을 편안하게 해주는 것이 좋았으며, 그쪽으로 타고난 자질이 있음을 알게 되었다. 하지만 첨단 의학의 시대에 환자들과 이야기를 나누고 그들의 근심과 걱정을 덜어주는 일은 시시한 일인 듯 여겨졌다. 의사들은 힘들고 영웅적인 일을 하고, 죽음과 싸우는 사람들이 아닌가. 나는 심각한 딜레마에 빠졌고, 만성적인 위장 질환에 시달리게 되었다.

그러던 중, 당시 나의 정신적 스승이었던 대학 학장님께서 나에게 캔자스 주 토페카에 있는 메닝어 정신의학 교육연구재단의 프로그램에 참가할 수 있도록 주선해주셨다. 나는 그것을 중압감이 덜한 환경에서 원하는 일을 찾아낼 수 있는 기회로 삼기로 했다. 그리고 거기서 나는 기대했던 것보다 훨씬 많은 것을 얻었다. 정신병동에서 환자들과 대화를 나누고 그들의 이야기에 귀를 기울이며 몇 주를 보낸 후, 나는 처음으로 정신과를 전공해야겠다는 생각을 했다. 정신과 의사의 일은 쉽게 느껴졌고, 자연스럽게 나의 길로 여겨졌다. 하지만 바로 그 이유 때문에 나는 저항감을 느꼈다. 일이라는 것은 즐기는 것이 아니라 감내해야 하는 것이며, 힘들지 않은 일은 정당한 일이 아니라고 생각되었던 것이다.

나는 학장님께 나의 이런 고민을 이야기했다. 학장님의 대답은 단순했다. 정신과 의사가 되라는 것이었다.

"하지만 그건 너무 쉬운 방법이잖아요." 내가 이의를 제기했다.

그때 학장님이 주신 답변이 내 인생을 바꾸어놓았다.

"때로는 쉬운 길이 옳은 길이기도 하단다."

그 경험은 내가 일을 해오면서 중요한 선택을 하는 데 영향을 미쳤을 뿐만 아니라, 결과적으로 그 일들을 해내는 데에도 영향을 미쳤다. 그 경험은 스스로를 망치는 행동의 힘을 생생하게 깨닫게 해주기도 했다. 당시에 나는 두 가지 방식으로 스스로를 망치려 하고 있었다. 그 두 가지 역시 이 책에서 논의될 것인데, 하나는 너무 빨리 포기하려는 것이고, 다른 하나는 어려운 길이 옳은 길이라고 착각하는 것이다.

나는 다행히도 나를 염려해주신 학장님 덕분에 스스로를 망칠 뻔한 행동에서 벗어날 수 있었다. 그분의 현명한 말씀은 나에게 즉각적인 영향을 미쳤고, 내가 장애물에 부딪칠 때마다 나를 올바른 길로 이끌어주었다. "때로는 쉬운 길이 옳은 길이기도 하다"는 말씀은 나에게 깊은 통찰력을 주었다. 그 말은 자체로 빛을 발하는 말이었을 뿐 아니라, 건설적인 행동을 불러일으키는 말이기도 했다.

그 후로 나는 20년이 넘도록 의사로 일해왔다. 그동안 나는 환자들이 어떻게 스스로를 망치려 하는지를 밝혀내고, 그들에게 공감해줌으로써 그런 행동을 물리칠 수 있는 힘을 주고자 애써왔다.

그리고 더 많은 사람들이 스스로를 망치는 행동습관을 버리는 데 도움을 주기 위해 이 책을 쓰게 되었다. 우리의 발목을 붙잡던 좋지 않은 행동습관들을 인생을 더 나은 것으로 만드는 습관으로 바꾸는 데 이 책이 도움을 줄 수 있을 것으로 기대한다.

마크 고울스톤 M.D.

INTRODUCTION

스스로를 망치는 행동으로부터
배울 수 있는 10가지 교훈

이 책이 출간된 후 독자들이 보내온 반응에 나는 무척 기뻤다. 그리고 독자들과 O. J. 심슨, 클린턴 대통령 등 여러 공인들이 보여준 스스로를 망치는 행동으로부터 배울 수 있는 10가지 사실을 정리한 목록에 대한 독자들의 반응으로부터 많은 것을 배웠다. 이 책에 담긴 조언을 자신의 삶에 적용시킨 독자들 덕분에, 나는 자신을 망치는 행동의 본성을 통해 보편적인 교훈을 얻을 수 있다는 사실을 알게 되었다. 그리고 지금 이 책을 읽기 시작한 여러분이 이 책에서 더 많은 것을 얻을 수 있도록 독자들로부터 배운 10가지 교훈을 제시하도록 하겠다.

1. 지금 당장 노력하라

우리가 경험할 수 있는 가장 큰 비극 중 하나는, 인생의 마지막에 가서야 자신이 살아온 삶이 자신이 원했던 삶이 아니라는 사실을 깨닫는 일이다. 그리고 그보다 더 비극적인 일은 자신이 꿈꾸던 것을 이루지 못한 것이 많은 부분 스스로 자초한 것임을 깨닫는 일이다. 어떤 일을 하기에 너무 늦은 때는 없다. 스스로를 망치는 행동에서 벗어날 때는 바로 '지금'이다. 지금 시작하지 않으면 영영 기회를 놓칠지 모르고, 더 늦은 언젠가 크나큰 후회를 하게 될지 모른다.

2. 작은 난을 피하려다 큰 난을 당하지 않도록 하라

스스로를 망치는 행동습관을 바꾸려고 너무 성급하게 서두르다가 스스로를 망치는 새로운 습관을 얻는 일이 없도록 해야 한다. 새로운 습관이 원래 가지고 있던 습관보다 더 해로울 수 있다. 기억하라. 문제를 해결하려고 성급하게 애쓰다가는 순간적인 위안밖에 얻지 못하며, 결국은 자신의 삶을 더욱 복잡하게 만들고 자신의 신용에 금이 가게 할 뿐이다. 그리고 그렇게 바보같이 행동한 데 대해서 스스로를 미워하게 된다. 충동적으로 행동하다가 그런 상황을 만들지 말고, 일시적인 대안이 아닌 지속적인 해결책을 가져다줄 수 있는 행동이 어떤 것인지를 미리 생각해야 한다.

3. 피하는 것이 능사가 아님을 기억하라

사람들과의 관계에서 존재하는 나쁜 행동습관을 바꾸려는 노력의 일환으로 자신의 감정을 표현하지 않는 사람들이 있다. 그럼으로써 문제가 생기는 것을 피하려는 것이다. 그들은 화가 나도 참고 안으로 삭이는 것이 또 다른 논쟁을 하는 것보다 낫다고 생각한다. 하지만 문제는, 우리가 받은 상처와 실망을 신속하게 처리하지 않으면 상처와 실망이 분노와 증오로 변하게 된다는 사실이다. 상처와 실망을 방치하면 우리 안에서 곪다가 결국에는 신체적인 증상으로 나타날 수도 있고, 언제 폭발할지 모르는 감정적인 화약고가 될 것이다. 긴 안목으로 볼 때, 문제를 일찌감치 인정하고 효율적으로 다루는 것이 자신을 훨씬 덜 망치는 길이다.

4. 다른 사람을 바꾸려고 하지 마라

자신의 행동습관을 바꾸려고 노력하기보다는 다른 사람들을 변화시키려는 사람들이 있다. "저 사람이 내 욕을 하지 않으면 나도 성질을 안 부릴 수 있다구!" "저 인간이 저렇게 굼뜨지 않다면 내가 왜 저 인간을 욕하겠어!" 등등. 자기 자신을 변화시키는 것이 그토록 어려운데, 어떻게 다른 사람을 간단히 변화시킬 수 있다고 생각하는가? 다른 사람을 바꾸려고 애쓰기보다는, 스스로를 망치는 자신의 행동습관을 극복하고 자신을 더 나은 사람으로 바꾸기 위해 노력하는 것이 훨씬 낫다. 또한, 상대를 강압적인 태도로 대하거나 상대로 하여금 죄의식을 느끼게 만들기보다는 이해하고 받아들이려 애쓴다면 상대가 달라질 가능성은 더 높아질 것이다.

5. 고장 났다는 것을 인정하지 않으면 고칠 수 없다

솔직한 것과 퉁명스러운 것, 강인한 것과 남들과 마찰을 일으킬 정도로 굽힐 줄 모르는 것, 결단성이 있는 것과 고집이 센 것, 예민한 것과 신파적인 것, 자발적인 것과 충동적인 것 사이에는 미세하지만 차이가 있다. 그 차이를 알아야만 자신의 행동을 제대로 파악할 수 있으며, 그것이 긍정적인 변화를 이루어내는 첫 번째 단계이다.

6. 신뢰를 파괴하는 것은 순식간이지만 신뢰를 다시 쌓으려면 오랜 시간이 걸린다

스스로를 망치는 행동을 계속하면 할수록 다른 사람들의 존중과 신뢰를 잃어버리기 쉽다. 지금 당장은 당신의 행동으로 인해 상처를 받거나 기분이 상하는 사람이 없더라도, 사람들은 언제 당신 때문에 상처를 받을지 몰라 조심할 것이다. 그들로부터 존중과 신뢰를 회복하려면 오랜 시간이 걸릴 수 있다. 그러니 사람들로부터 다시 존중을 받기가 너무 어려워지기 전에, 그리고 남들로부터 받던 연민이 동정으로 변하기 전에 달라지도록 노력해야 한다. 변화하려는 노력을 피하면 피할수록 당신 주변 사람들은 점점 더 당신을 피하게 될 것이다.

7. 길이 있는 곳에 뜻이 있다

연구 결과에 따르면, 사람들은 변화를 가능하게 하는 올바르고 합리적이며 실행 가능한 방법을 찾지 못하기 때문에 만족스럽지 못한 직업과 인간관계에 머물러 있는 것으로 나타났다. 의지를 갖는 것만으로는 부족하다. 방법이 필요하다. 그리고 때로는 방법이 의지를 앞서갈 수도 있다. 스스로를 망치는 행동습관을 대체할 수 있는 현실적인 대안을 생각해보자. 자신이 스스로를 망치는 행동을 하려고 들면 잠시 멈추고 그 상황에서 할 수 있는 좀더 건설적인 행동을 생각해보자. 그리고 행하는 것이다.

8. 늙은 개에게도 새로운 기술을 가르칠 수 있다

변화를 막는 가장 큰 장애물은 오랜 문제점을 해결하는 새로운 방법을 실행할 수 있다는 자신감과 확신이 부족하기 때문인 경우가 많다. 변화하려는 노력을 피하고 싶어서 우리는 때로 새로운 해결책에서 흠을 찾아내서 그 해결책을 받아들이지 않을 이유를 찾아내려 한다. 예를 들어, 컴퓨터는 고장이 날 수 있다는 사실을 구실 삼아 종이 서류를 고집하는 사람들이 있다. 하지만 사실 그들은 컴퓨터를 배우지 못할지도 모른다는 두려움 때문에 그러는 것이다.

9. 관계를 망치는 행동습관은 스스로 자초하는 경우가 많다

스스로를 망치는 행동습관을 버리려고 애쓰는 것은 좋다. 하지만 거기에 치중하느라 자신에게 중요한 사람들을 간과하는 우를 범하면 안 된다. 자신에게 지나치게 사로잡혀 있으면 다른 사람들을 생각하거나 인정하기가 어려워지고, 심지어는 다른 사람들의 존재 자체를 잊게 될 수도 있다. 그러면 그들은 당신이 그들에게 관심이 없다고 확신하면서 상처받고 실망하고 화를 낼 것이다. 그렇게 해서는 친구나 연인 관계를 유지할 수 없다. 관계에 있어서의 그런 균열은 상대에 대한 감정이입과 이해를 통해 치유할 수 있다. 상대방의 입장을 생각하는 습관을 들이도록 하자. 지금 그 사람은 어떤 기분일까?

10. 스스로를 망치는 행동에 굴복하는 것보다 기분 나쁜 일도 없고, 그런 행동을 극복하는 것보다 기분 좋은 일도 없다

사탕이나 초콜릿 등을 먹거나 야식을 먹는 것과 마찬가지로, 스스로를 망치는 행동을 하고 나서 느끼는 기분 좋은 느낌은 오래가지 못한다. 그리고 그 후에 느끼게 되는 수치심과 죄의식, 자기멸시 등의 기분은 오랫동안 지속된다. 하지만 스스로를 망치는 행동을 싹부터 잘라내고, 그런 행동에 굴복하려는 유혹을 이겨내고, 그런 행동을 스스로를 발전시키는 행동으로 바꾸면, 당신은 그 어느 때보다 강한 자부심을 느낄 수 있을 것이다.

스스로를 망치는 행동이란?

내 경험으로 볼 때, 사람들이 상담을 받으러 가는 가장 주요한 이유는 스스로를 망치는 행동 때문이다. 인생에서 우리가 간절히 원하는 사랑과 성공, 행복을 우리 스스로가 방해하고 있다는 사실을 깨닫는 것만큼 우리를 미치게 하는, 혹은 자신을 미워하게 만드는 것은 없다. 우리 자신의 사랑과 성공, 행복을 가장 크게 방해하는 것은 바로 자기 자신을 망치는 행동습관이다. 그런 행동은 우리에게 도움이 되지 않을 뿐더러 우리의 깊은 소망을 좌절시킨다. 또한 그런 행동은 문제를 해결하기보다는 더 많은 문제를 만들어낸다. 그렇기 때문에 그런 행동을 했을 때 우리는 분노하여 이렇게 소리치게 되는 것이다. "그런 짓을 또 하다니 정말 믿을 수가 없어! 난 왜 이렇게 바보 같은 거야! 나는 정말 내 자신의 가장 큰 적이라니까!"

당신은 자신에게 몇 번이나 그런 말을 했는가? 아마도 대답은 "수도 없이 많이!"일 것이다. 얼마나 자주 스스로를 망치는 행동을 했음을 깨닫고 다시는 그렇게 하지 않겠다고 맹세하는가? 너무 자주 그런다고? 그렇다고 해서 너무 괴로워하지는 않아도 된다. 그런 사람은 당신 하나가 아니다. 내가 만났던 사람들 중에는 수입과 지출을 맞추며 살아가기 위해 애쓰던 평범한 사람들도 있었고, 엄청난 재산을 가진 재벌도 있었다. 젊고 건강한 사람들도 있었고, 죽음을 앞둔 사람들도 있었다. 세상에 알려지지 않은 사람들도 있었고, 유명인사도 있었다. 또한 성실한 시민들도 있었고, 범죄자도 있었다.

그들 모두는 하나 같이 스스로를 망치는 행동을 하는 자신을 어리석은 존재로 느꼈고, 어떻게 하면 달라질 수 있는지를 알지 못했다. 혹은, 달라지는 방법을 알고 있으면서도 달라지지 못했다. 겉으로 보기에는 자신감과 자기 확신이 넘치지만, 실제로는 심각한 자기비하에 시달리며 스스로를 사랑과 존경을 받을 가치가 없다고 느끼는 사람도 있었다.

내가 만났던 사람 가운데에 세계적으로 유명한 재즈 뮤지션이 있었다. 암으로 세상을 떠나기 전 몇 달 동안 그는 정신적으로 무척이나 괴로워했다. 스스로를 망치는 행동습관들을 갖고 있었지만, 그런 습관들이 그의 성공까지 가로막지는 않았다. 그는 당대의 가장 존경받는 연주자 중 한 사람이었다. 하지만 몇 가지 나쁜 행동습관 때문에 그는 자신의 성공을 즐기지 못했고, 사랑을 누리지 못했으며, 평화가 가장 필요한 순간에 평화를 찾지 못했다. 마음에 분노를 품은 채 자신의 아들을 사랑하지 못했다. 너무 늦어버릴 때가지 기다리는 바람에 그는 아들과 화해하지 못한 채 세상을 떠났다. 다른 사람들을―자신과 달리 고전적인 방법으로 훈련을 받은 음악가들을—시기하느라 자신의 가치를 충분히 인정하지 못했다. 그리고 기대치가 너무 높은 탓에 자신의 머릿속에 있는 음악과 완벽하게 일치하는 연주를 한 것이 네 번밖에 없었다는 사실을 한탄했다. (사실 우리들 대부분은 평생 그런 경험을 한 번도 제대로 하지 못한다.) 그리고 그런 모든 사실을 마음속에 붙든 채 숨을 거둘 때까지 마음의 짐을 덜지 못했다.

내가 그에게 마지막으로 했던 말은 이것이었다. "잊어버리세요. 당신은 충분히 잘 살아오셨어요." 나의 말에 그는 희미하게 미소 지었고, 그의 눈에는 눈물이 맺혔다. 그리고 그는 이렇게 말했다. "고마워요, 선생님. 내가 듣고 싶었던 건 바로 그런 말이에요."

이 책은 그런 비극을 피하는 데 도움을 주기 위해서 쓰어졌다. 당신이 변화할 마음의 준비가 되어 있다면, 이 책은 당신에게 따라갈 방향을 제시할 것이고, 확신을 줄 것이다. 이 책에서 제시하는 조언을 따름으로써 당신은 자신을 망치는 대신, 어려운 상황들을 현명하고 용기 있게, 유머를 가지고 이겨낼 수 있을 것이다.

우리는 왜 스스로를 망치는가?

인생이 우리에게 가르치려는 교훈을 배우지 못할 때 우리는 자신을 망치는 행동을 하게 된다. 충동이 올바른 인식을 이길 때, 순간적인 희열이 영속적인 만족을 이길 때, 근본적인 문제를 해결하기보다는 일시적으로 안심하고 넘어가려 할 때 우리는 자신을 망치는 행동을 하게 된다. 자신을 망치는 행동은 스스로의 기분을 좋게 하려는 시도에서 비롯된다. 그런 행동은 좋지 않은 상황에 대처하기 위한 나름대로의 심적 기제인 것이다. 위기 상황이나 어떤 위협, 혹은 잠재적으로 우리를 화나게 할 것 같은 상황을 마주하면 우리는 자신을 보호하려 애쓴다. 그래서 긴장을 줄여주거나 상처를 받지 않게 해줄 수 있는 어떤 것을 붙들려 한다. 그 당시에 그 행동은 논리적이고 적절한 것으로 보인다. 그리고 단기적으로는 우리를 안도하게 할 수도 있다. 하지만 그런 행동은 반드시 다시 우리를 찾아와서 괴롭힌다. 그러면 우리는 나약하고 어리석게 행동했던 것에 대해 스스로를 비난한다. 사실 우리는 위협적이고 혼란스런 상황 한가운데에서 균형감각을 잠시 잃었던 것일 뿐인데 말이다.

   변하지 않고 지속되는 대부분의 행동 패턴들과 마찬가지로, 스스로를 망치는 행동은 보통 어린시절의 경험에서 기인한다. 정신적인 상처를 받은 아이들도 어른들로부터 애정 어린 격려와 지원을 받고 효과적인 지도를 받으면 건강한 상황 대처 능력을 기를 수 있다. 그런 아이들은 자신감 넘치고 재치 있으며 융통성 있는 어른으로 자랄 수 있다. 그런 사람들이 갖고 있는 스스로를 망치는 행동습관은 상대적으로 사소한 것인 경우가 많으며, 극복하기도 쉽다.

반대로, 사랑을 받지 못하는 아이들은 보호 받지 못한다는 느낌을 받으며 외롭게 자란다. 한편, 애정이나 관심이 부족하지는 않지만 적절한 지도를 받지 못하는 아이들이 있다. 그런 아이들은 사랑을 받는다는 느낌은 받지만 스스로를 무능력하거나 쓸모없는 존재라고 느끼며 자라는 경우가 많고, 결과적으로 역경을 만났을 때 몹시 불안해한다. 두 경우의 사람들 모두 힘든 상황을 참아내기 위해서는 무언가가 필요하다. 불안감과 무기력감을 가라앉혀줄 수 있는 생각이나 행동이 필요한 것이다. 그들이 좀더 효과적인 상황 대처법을 개발하지 못한다면, 안도감을 갖게 하는 생각이나 행동은 자기 자신을 망치는 행동습관으로 굳어질 것이다.

물론, 부모의 애정이나 지도가 없더라도, 강한 심성을 갖고 태어났거나 다른 사람들의 도움으로 인해 적절한 대처 능력을 갖게 되는 운 좋은 사람들도 있기는 하다. 하지만 대부분의 경우 부모의 애정이나 지도를 받지 못하고 자란 사람들은 스스로를 망치는 행동습관을 갖게 되는 경우가 많다. 어렸을 때 학대를 받은 사람들은 세상에 대해 화를 내거나 주먹을 휘두르는 경향이 있다. 무시를 당하고 자란 사람들은 늘 패배감을 느끼며 세상으로부터 등을 돌리려 하는 경향이 있다. 적절한 지도를 받지 못하고 자란 사람들은 자신감과 자존감이 부족한 경향이 있다. 세 가지 경우 모두 각기 유형은 다르지만 자신을 망치는 행동습관으로 이어진다.

이 책을 잘 활용하려면

"이 세상의 아름다운 생각들을 모두 합해도
단순한 한 가지 행동에는 미치지 못한다." _제임스 러셀 로웰

이 책의 40개 장은 각각 흔히 볼 수 있는 스스로를 망치는 행동습관들을 한 가지씩 다루고 있다. 차례에 있는 제목들을 읽어내려가다 보면, 많은 사람들이 지니고 있는 낯익은 행동습관들을 만나게 될 것이다. 그리고 그 가운데에는 특히 자신에게 직접적으로 관련 있는 항목들이 있을 것이다. 하지만 그런 항목들을 먼저 찾아서 읽기보다는, 책을 처음부터 끝까지 순서대로 읽기를 권한다. 그렇게 한 번을 쭉 읽고 난 뒤에 자신과 관련 있는 내용들을 골라서 다시 집중적으로 읽도록 한다. 그런 내용들에 대해서는 면밀하게 분석을 한 후 이 책에서 제시하는 조언들을 따라보도록 한다.

그 후에도 이 책을 곁에 두고 계속해서 참고서적으로 활용하기를 권한다. 거기에는 두 가지 이유가 있다. 첫째, 새로운 상황에 놓이게 되면 당신은 스스로를 망치는 새로운 행동습관을 갖게 될 것이기 때문이다. (대부분의 사람들이 그러하다.) 그때는 이 책의 다른 장의 내용이 중요하게 다가올 것이다. 둘째, 가끔은 새로운 마음으로 자신을 돌아볼 필요

가 있기 때문이다. 자신을 망치는 행동습관은 사라졌다고 생각된 후에도 어느 날 갑자기 다시 나타나는 경우가 흔하기 때문이다. 긍정적인 행동습관이 제2의 천성이 되기 위해서는 반복적으로 연습하고 실행할 필요가 있는 것이다.

스스로를 망치는 여러 가지 행동습관들은 각자 특성이 있고 해결책이 있다. 동시에 그런 행동습관들은 공통점을 지니고 있기도 하다. 그러므로 공통된 대응책들도 있다. 스스로를 망치는 행동을 하고픈 충동이 이는 상황을 마주하게 된다면, 그 행동습관에 특정한 조언을 따르는 것 외에, 공통적으로 다음에 제시하는 조언들을 따르도록 하라.

5단계 인식 증가법

자신을 망치는 행동습관들은 보통 반사적인 반응이다. 장기적인 결과나 합리적인 대안을 생각하지 않은 채 하는 행동인 것이다. '5단계 인식 증가법'은 신체나 감정, 충동, 결과, 해결책에 대한 인식을 높임으로써 좋지 않은 행동을 막을 수 있도록 하기 위해 개발된 것이다. 이 방법은 우리의 정신을 제 궤도에 다시 올려줌으로써, 반사적으로 행동하는 대신 충분히 생각한 후에 행동할 수 있게, 충동에 따라 행동하는 대신 사고에 따라 행동할 수 있게 해주고, 최선의 행동을 선택할 수 있게 해준다.

1단계: 신체적인 인식을 높인다

충동은 신체적인 감각으로 시작된다. 잠깐 멈추고 신체의 어떤 부분에서 색다른 느낌이 드는지 살펴본다. 뱃속인가? 머리인가? 목인가? 아니면 가슴인가?

2단계: 감정적인 인식을 높인다

신체의 감각을 감정으로 연결지어보도록 한다. 긴장을 느끼는 이유가 무엇인가? 무엇에 대해 화가 나는가? 무엇이 두려운가?

3단계: 충동에 대한 인식을 높인다

지금 느끼는 기분이 어떤 행동을 하고 싶게 만드는가? 그 기분이 당신으로 하여금 무엇을 하고 싶게 만드는가?

4단계: 결과에 대한 인식을 높인다

그 행동을 할 경우, 단기적인 측면과 장기적인 측면에서 어떤 결과가 나올 것인지를 스스로에게 물어본다. 그 행동이 불러올 바람직하지 않은 결과를 인식한다면, 그 행동을 하는 것을 억제할 수 있을 것이다.

5단계: 해결책에 대한 인식을 높인다

자신에게 어떤 대안이 있는지를 스스로에게 물어본다. 그 대안들 가운데 어떤 것이 최선의 결과를 가져올 것으로 보이는가? 자신이 좀더 건설적으로 행동했을 때 일어날 좋은 일들을 마음속에 그려보는 것은 변화할 수 있는 자극과 동기가 될 것이다.

무엇을 잃을지가 아니라 무엇을 얻을지에 초점을 맞춰라

스스로를 망치는 행동을 그만두고 싶어도, 그 행동을 버리고 아직까지 해본 적이 없는 새로운 행동을 하는 것은 두렵게 느껴질 수 있다. 새로운 행동이 효과가 없을 뿐더러 상황이 더 안 좋아지면 어쩌나 염려하게 되는 것이다. 그런 두려움을 극복할 수 있는 한 가지 열쇠는 자신이 포기해야 하는 것이 아니라 자신이 얻게 될 것에 초점을 맞추는 것이다. 그렇게 하지 않으면, 변화하겠다고 아무리 확고하게 결심을 하더라도 장애물을 만나는 순간 원래의 행동습관으로 돌아오고 말 것이다.

남들에게 도움을 청하라

자신을 망치는 행동습관은 외롭고 보호받지 못했던 어린시절의 경험에 기인하는 만큼, 다른 사람들로부터 도움을 받으면 극복하기가 좀더 쉬워진다.

도움을 주는 사람들이 실제로 어떤 역할을 하는지는 중요하지 않다. 그들은 당신에게 직접적인 도움을 줄 수도 있고, 정신적으로 지지를 해줄 수도 있고, 아니면 변화하려는 당신의 결심에 책임감을 부여해줌으로써 도움을 줄 수도 있다. 중요한 것은 당신이 혼자라고 느끼지 않을 수 있다는 사실이다. 덕분에 당신은 좀더 강한 자신감과 결단력을 갖게 될 것이다.

'후퇴'를 건설적으로 활용하라

자신을 망치는 행동습관은 보통 반복되는 경우가 많다. 아무리 굳은 의지를 갖고 있더라도, 예전에 그런 행동을 했던 때와 똑같거나 유사한 상황을 만난다면 당신은 반사적으로 예전과 같은 행동을 하게 될 것이다. 그렇게 예전의 상태로 후퇴를 했더라도 자신을 너무 미워하지 말고, 그런 자기멸시를 결심으로 바꾸어라. 그런 행동을 앞으로도 계속한다면 어떻게 할지를 자문하고, 다음에 같은 상황이 발생했을 때는 어떻게 행동할지를 계획해보는 것이다.

자신에게 상을 주어라

자신을 망치는 행동을 반복할 때마다 당신은 자존심에 타격을 입을 것이고, 스스로를 나약하고 의지력이 약한 사람이라고 느끼게 될 것이다. 한편, 스스로를 망치는 행동을 하려는 충동을 극복하면 당신은 자존감을 회복할 것이다. 그런 자부심을 잘 활용하도록 하라. 잘했을 때 스스로에게 상을 주면 새로운 행동이 하나의 습관으로 자리잡기 쉬워질 것이며, 그런 변화를 영구적인 것으로 만드는 데에도 도움이 될 것이다.

활용할 만한 조언을 참고하라

> "배움이란 그런 것이다. 평생 이해했던 것을 갑자기 새로운 방식으로 이해하게 되는 것."
> _도리스 레싱

평범한 조언은 우리에게 안도감을 주고 상황을 좀더 잘 이해하게 해주지만, 반드시 어떤 행동을 하게 만들지는 않는다. 하지만 활용할 만한 조언은 좀더 실제적이고 지속적인 영향을 준다. 내가 상담했던 사람들은 이 책에서 제시하는 조언들이 건설적인 변화를 가능하게 했고, 오랫동안 그들의 마음속에 남아 있었다고 했다. 어떤 사람은 그 조언들을

'계속해서 길잡이가 되어주는 귀한 선물'이라고 불렀다. 자신이 고치고자 하는 행동습관에 대해 이 책에서 제시하는 조언을 종이에 적어 욕실 거울이나 냉장고 문에 붙여놓기를 권한다. 그 글귀를 수시로 들여다보면 행동을 바꾸는 노력에 도움이 될 것이다.

> "어떤 것을 성취했다면 습관도 만들 수 있다.
> 습관을 만들었다면 성격도 만들 수 있다.
> 성격을 만들었다면 운명도 만들 수 있다."
> _앙드레 모로아

변화하겠다는 결심이 중요하다

이 책은 자신을 망치는 행동을 그만둘 수 있게 하는 영감을 줄 것이고, 방법을 알려줄 것이다. 하지만 스스로가 변화하겠다는 굳은 결심을 갖고 있지 않다면 아무 소용없을 것이다. 여기까지 읽어왔다는 사실만으로도 당신은 필요한 용기를 지니고 있는 것이다. 자신이 스스로의 앞길을 막고 있다는 사실을 인정하는 것은 쉽지 않다. 그리고 그런 태도에서 벗어나겠다고 결심하고 노력하는 것은 더욱 어려운 일이다. 자신의 문제를 남의 탓으로 돌리거나 상황의 탓으로 돌리는 것은 문제를 해결하는 데 아무런 도움이 되지 않는다는 사실은 이미 깨달았을 것이다. 그리고 당신 자신의 삶을 바꿀 수 있는 힘을 가진 사람은 당신 자신밖에 없다는 사실도 알고 있을 것이다. 스스로를 망치는 행동을 바꾸기 위해서는 그런 책임감이 필수적이다.

자신의 삶을 개선하겠다는 결심을 변함없이 유지하도록 노력하라. 그리고 이 책을 읽어가는 동안 자신을 솔직하게 바라보도록 하라. 솔직하고 성실한 태도에 각 장에서 제시하는 정보와 조언이 더해진다면, 자신을 망치는 행동습관을 버리고 더욱 만족스러운 미래를 향해 나아가는 자신감과 현명함을 가질 수 있을 것이다. 그리고 스스로가 자신의 최대의 적이 되는 대신, 자신의 가장 좋은 친구가 될 수 있을 것이다.

| 차례 |

'실패에서 배운다' 시리즈 발간에 부쳐 6
여는글 10
INTRODUCTION 13

1. 부모의 애정에 집착하고 부모로부터 인정을 받으려 한다 33
2. 바람직하지 않은 사람들과 어울린다 40
3. 일을 미룬다 48
4. 남들이 자신의 기분을 알아줄 거라고 기대한다 53
5. 너무 늦을 때까지 기다리다 때를 놓친다 61
6. 충동적으로 화를 내는 바람에 일을 더 망친다 66
7. No라고 말하고 싶은데 Yes라고 말한다 70
8. 상대에게 원한을 품는다 75
9. 남들에게 보답할 필요는 없다고 생각한다 80
10. 미래에 대한 두려움 때문에 지나치게 안전을 추구한다 85
11. 내가 항상 옳아야 한다고 생각한다 90
12. 상대방이 잘못하는 일에만 초점을 맞춘다 96
13. 상대방이 약속을 어겨도 참는다 103
14. 마음속에 분노와 증오를 품은 채 화해하려 애쓴다 109
15. 실수로부터 배우려 하지 않는다 115
16. 다른 사람을 자신의 뜻대로 변화시키려 한다 120
17. 자신이 원하는 것을 외면한 채 반항을 위한 반항을 한다 125
18. 아무도 듣지 않는데도 계속해서 이야기를 한다 130

19. 괜찮지 않은데 괜찮은 척을 한다 135
20. 강박관념과 강박적인 행동에 시달린다 140
21. 모든 일을 지나치게 사적으로 받아들인다 146
22. 남들에게 지나치게 요구한다 151
23. 비현실적인 기대를 품는다 156
24. 모든 사람을 챙기려고 애쓴다 161
25. 사회생활에서 필요한 '게임'에 참여하기를 거부한다 166
26. 좋은 인상을 주기 위해 꾸며서 행동한다 171
27. 패배감에 사로잡혀 남을 시기한다 178
28. 스스로를 불쌍하다고 생각한다 183
29. 어려운 길이 옳은 길이라고 생각한다 189
30. "미안해요"라고 말하기만 하면 충분하다고 생각한다 195
31. 말하지 않고 모든 걸 꾹 참는다 201
32. 너무 일찍 포기한다 207
33. 자신의 인생을 남이 좌지우지하게 놔둔다 212
34. 변화를 원하면서도 노력하기보다는 운에 의존한다 217
35. 인생을 두려움에 맡겨버린다 224
36. 상실감에서 헤어나지 못한다 230
37. 그만두어야 할 때 그만두지 못한다 235
38. 필요한 것을 요구할 줄 모른다 240
39. 충고를 원하지 않는 사람에게 충고를 한다 247
40. 준비되지 않았다고 생각하며 물러선다 253

01

부모의 애정에 집착하고
부모로부터 인정을 받으려 한다

"어릴 때 자녀들은 부모를 사랑한다.
나이가 들면서 자녀들은 부모를 판단한다.
그리고 때로 자녀들은 부모를 용서한다." _오스카 와일드

내 환자 중 한 사람이 자신의 어머니에게 상담치료사에게 치료를 받고 있다고 말했다고 한다. 그랬더니 그 어머니가 코웃음을 치며 말하기를, "잘했네. 그 사람은 네가 날 증오하고 있다고 확신시키려 들 거야."

"아니에요, 엄마." 내 환자가 대답했다. "선생님은 내가 엄마를 사랑하고 있다는 사실을 확신시키려고 애쓰고 계세요."

이 일화는 성인이 된 자녀와 부모 사이의 복잡 미묘한 감정의 차이를 잘 보여준다. 내가 상담을 하면서 만났던 사람들 대부분은 어머니나 아버지와 갈등을 겪고 있었고, 그런 갈등은 반드시 그 사람들의 배우자와 자녀, 동료, 친구들과의 관계에 영향을 미친다. 어떤 사람들은 부모로부터 사랑이나 인정을 받지 못한다고 느끼기 때문에 분노한다. 어떤 사람들은 부모들이 자신을 이해하지 못할 뿐더러 이해하려고 노력조차

하지 않는다는 사실에 실망한다. 또 어떤 사람들은 부모들이 자신을 지배하려 든다는 사실에 화를 내고, 어떤 사람들은 부모들이 자신에게 무관심하다고 화를 낸다. 그리고 그들 대부분은 또한 자신을 기르기 위해 부모들이 많은 것을 희생했다는 사실을 인정하지 못하는 것에 대해 죄책감을 느낀다. 그리하여 시간이 흘러감에 따라 자녀들은 점점 불편한 마음을 갖게 된다.

우리의 부모들은 그들 자신이 부모에게서 그렇게 길러졌기 때문에 자녀들에게 감정적으로나 정서적으로 필요한 것을 주지 못하는 경우가 많다. 부모들이 당신에게 줄 수 없는 애정을 계속해서 뒤쫓으며 그 애정을 얻어내느냐 못 얻어내느냐에 의존하여 자신의 가치를 판단한다면, 영영 스스로를 가치 있는 존재라고 생각하지 못할 수도 있다. 대신, 당신의 그런 헛된 노력은 당신 안에 적개심과 분노를 만들어낼 것이고, 당신 부모에게는 좌절감을 안겨줄 것이다. 사실, 당신이 자신이 필요로 하는 것을 분명하게 표현할 줄 아는 자식이 아닌 한, 당신의 부모는 당신이 부모에게서 무엇을 원하는지 눈치 채지 못할 것이다. 부모들이 알 수 있는 것은 당신이 만족하지 못하고 있다는 사실뿐이고, 그런 사실은 부모들을 당황시키며 서글프게 만들 것이다.

많은 경우에 있어서 당신이 부모로부터 받지 못하는 것은 당신의 부모가 그들의 부모로부터 받지 못한 것들이다. 자신들이 부모로부터 받지 못했던 것을 자신의 자녀에게 준다는 것은 어려운 일이기 때문에, 그들은 결국 부모들이 자신을 길렀던 것과 비슷한 방식으로 자녀를 기를 것이다. 설혹 그렇지 않더라도 다른 방식으로라도 자신이 받지 못했던 것을 자녀에게 주지 못할 것이다. 이러한 악순환의 고리를 끊을 수 있는 방법이 있긴 하다. 그것은 자신이 부모의 부모인 것처럼 행동해보는 것이다. 즉, 당신의 조부모가 되어보는 것이다. 그리고 당신의 부모가 받지 못했던 것을 주는 것이다. 부모의 마음속에 숨어 있는 열망에 접근함으로써 자신이 부모로부터 받고 싶은 것을 부모가 줄 수 있도록 만들어주는 것이다.

> "부모로서 갖는 기쁨은 비밀스러운 것으로,
> 부모가 되어보기 전에는 알 수 없다.
> 마찬가지로 부모로서 느끼는 슬픔과 두려움도
> 부모가 되어보기 전에는 알 수 없다."
>
> _프랜시스 베이컨

나의 고객 캐롤린은 현재 50세인데, 그녀의 어머니는 딸이 하는 모든 일에 참견하며 딸이 선택하는 것을 사사건건 반대했다. "엄마는 언제까지나 나를 어린애 취급할 거예요." 캐롤린이 불평이 가득한 목소리로 말했다. "엄마랑 관계를 끊고 싶은데, 그렇게 할 수가 없어요."

캐롤린은 대부분의 사람들이 부모에게서 원하는 것을 원했다. 자신의 엄마가 무조건적으로 자신을 사랑해주고 자신의 편을 들어주기를 바란 것이다. 하지만 엄마의 애정과 이해를 얻으려던 그녀의 필사적인 노력은 엄마와 자신의 사이를 더 멀게 만들어 스스로를 망치는 결과를 낳고 말았다. 나는 캐롤린에게 그녀의 엄마는 대공황(1929년에 미국에서 비롯되어 전세계에 영향을 미친 경제 공황—옮긴이)의 와중에 자랐으며 당시에 엄마의 부모는 오랜 시간 일을 해야 했다는 사실을 상기시켜주었다. 부모의 무관심 속에서 자란 다른 자녀들과 마찬가지로 캐롤린의 엄마는 무시당한다는 느낌을 받으며 성장했다. 그리고 자신이 엄마가 되었을 때, 그녀 자신이 느꼈던 무시당한다는 느낌을 회복하려다 보니 딸의 인생에 지나치게 개입하며 딸의 인생을 지배하려 한 것이다. 나는 캐롤린에게 이렇게 말했다. "당신과 당신 어머님에 대해서 슬픈 사실은 당신 두 사람 모두 진정한 어머니를 갖지 못했다는 사실입니다."

캐롤린이 자신과 자신의 엄마가 모두 어린시절에 고통을 받았다는—자신의 엄마는 무시를 당함으로써, 자신은 지나칠 정도로 간섭을 받음으로써—공통점이 있음을 깨달았을 때, 그녀는 괴로운 마음을 조금은 덜어낼 수 있었다. 딸의 모든 것을 직접 관리하고 지배하려는 엄마의 태도가 딸에게 좀더 가까이 다가가려는 시도라는 사실을 깨닫자, 캐롤린은 엄마를 좀더 받아들일 수 있었다. 그녀가 엄마에게서 멀어지려는 노력을 덜 할수록 엄마는 그녀에게 덜 간섭을 해왔다. 그리고 얼마 안 있어 엄마의 잔소리와 비판은 멈추었다. 서로에게 소리를 지르는 대신 캐롤린과 엄마는 대화를 하기 시작했다. 그 후 두 사람이 함께한 3년은 그 이전의 50년보다 훨씬 행복했다.

이런 방법은 남자들에게 특히 효과가 있다. 남자들은 자신의 아버지로부터 "난 네가 자랑스럽다"라는 말을 듣기를 몹시 원한다. 어렸을 때 아버지로부터 애정과 격려를 받지 못한 남자는 큰 상실감을 느낀다. 그리고 아버지로부터 그런 애정과 인정을 받았던 남자들은 돌아갈 수 없는 어릴 적의 행복한 순간들을 그리워한다. 그렇기 때문에, 다 큰 남자가 우는 모습을 보고 싶다면 아버지에 대해 이야기하게 만들면 된다.

이와 관련하여 기억에 남는 환자가 하나 있다. 그는 록스타였는데, 여기서는 그냥 존이라고 부르겠다. 그는 록스타로 큰 성공을 거두었는데, 그것은 많은 부분 자신의 아버지로부터 인정을 받기 위해서 지독하게 노력한 결과였다. 하지만 각종 음반 판매 기록과 히트 차트 기록도, 엄청난 액수의 돈도, 팬들의 환호와 갈채도, 그의 아버지로 하여금 아들에 대한 자랑스러움을 직접적으로 표현하게 만들지 못했다. 나는 존에게 아버지의 아버지가 되어 아버지에게 애정을 줘보라고 했다. 그러나 존은 자존심이 너무 강해서 그렇게 하지 못했다.

그러던 어느 날 그의 아버지가 심장발작을 일으켰다. 그리고 존이 아버지를 돌봐드리게 되었다. 한때는 강한 남자였을, 하지만 지금은 침대에서 움직이지도 못하는 아버지를 보살피면서 존의 아버지에 대한 마음이 누그러지기 시작했다. 아버지의 76세 생일에 아버지가 옷을 입는 것을 도와드리면서 존은 말했다. "한 살 더 드셨으니 더 현명해지세요." 그러자 그의 아버지가 한숨을 쉬면서 말했다. "나이만 한 살 더 먹는 거지 뭐."

존은 깜짝 놀랐다. 그의 아버지는 단 한 번도 스스로를 비난하는 말을 한 적이 없는 사람이었다. 아버지가 직접 신발 끈을 매기 위해 애쓰는 모습을 보면서, 존은 형과 누나들에 의해 길러진 아버지는 자신보다 아버지의 사랑을 더 못 받고 자랐을 거라는 사실을 떠올렸다. 아버지가 어렵게 신발 끈을 맸을 때 존은 말했다. "잘하셨어요, 아버지. 전 아버지가 자랑스러워요."

아버지의 눈에는 눈물이 가득 고였다. 그리고 존에게 작은 목소리로 말했다. "나도 네가 자랑스럽다. 너는 좋은 아들이야." 그 말은 존에게는 그래미상보다 더 큰 의미를 지니는 것이었다.

> "우선 우리는 부모님의 자식이고,
> 우리 자식들의 부모이며,
> 우리 부모님의 부모이고,
> 우리 자식들의 자식이다."
> _ 밀턴 그린블래트 M.D.

자신의 부모에게 부모 역할을 해본다는 것은 큰 용기가 필요한 일이다. 부모에게서 돌려받을 수 있으리라는 보장이 없어도 스스로가 부모에게서 받고 싶은 것을 부모에게 줄 수 있어야 한다. 부모에게서 그것을 돌려받을 수 없을지 몰라도, 그것은 부모가 당신을 사랑하고, 당신을 자랑스러워하고, 당신을 인정해주기를 바라왔던 그 마음일지 모른다. 그런 연습을 하면 최소한 다음과 같은 고뇌에 빠지는 것은 막을 수 있다. "나를 괴롭게 하는 것은 내가 어머니로부터 사랑을 받지 못했다는 사실이 아니라, 화가 난 채 어머니에게 사랑을 주지 못했다는 사실이다."

부모에게서 받지 못했던 것을 받고 싶다면
스스로가 부모의 부모가 되어보자.

- 부모에게서 받아보지 못했으며 아직도 받고 싶은 것 한 가지를 생각해보자. (이에 대한 가장 흔한 대답은 자부심, 사랑, 위안, 인정이었다.)

- 자신의 부모가 그것을 자신의 부모로부터 받았을 가능성이 있는지 알아보자.

- 부모에게 그것을 줄 수 있을 특정한 상황을 상상해보고, 자신이 부모에게 그것을 주는 모습을 눈앞에 그려보자.

- 자신이 받고 싶어하는 것을 부모에게 줄 수 있는 기회를 찾아보자. 자신과 부모가 모두 감동하여 눈물을 흘리게 되더라도 놀라지 말자. 그 눈물은 무언가가 잘못되었다는 표시가 아니라, 잘못되었던 것이 비로소 제대로 되었다는 표시이기 때문이다.

02

바람직하지 않은 사람들과 어울린다

"모든 사람들에게 친절하게 대하라.
하지만 일부하고만 친하게 지내라.
그리고 친한 사람들도 쉽게 신뢰하지 마라." _조지 워싱턴

"저는 아무래도 수녀가 되어야 할 것 같아요!" 주디는 의자에 털썩 주저앉으며 말했다. "또 남자랑 헤어졌어요. 처음 만나기 시작했을 땐 친절하게 굴더니, 갈수록 제멋대로이고 난폭해지는 거예요. 지난번에 만났던 겁쟁이랑 완전 반대예요. 어느 식당에 가야 할지도 결정하지 못하던 남자 말예요. 왜 저는 항상 알고 보면 무지막지하거나 딱한 남자들하고만 엮이는 걸까요? 그런 남자를 미리 알아볼 수 있는 방법은 없을까요?"

주디는 바보 같은 남자를 미리 알아볼 수 있는 눈이 있으면 하고 바라는 많은 여자들 중 하나일 뿐이다. 그리고 여자들만 그런 소망을 가진 것이 아니다. 남자들은 자신이 매력을 느낀 여자가 알고 봤더니 아주 못된 데다 하나에서 열까지 자기 마음대로 하는 여자이거나, 아니

면 남자에게 집착하는 여자였다면서 불평한다.

여자나 남자나 할 것 없이 사람들은 모두 자신을 끊임없이 공격하거나, 아니면 조금만 공격을 해도 무너지고 마는 친구나 가족, 혹은 동료에 대해 불평을 한다. 상점에서 먹어보지 않고도 썩은 사과를 골라내려고 애쓰는 사람들처럼 우리는 좋지 않은 사람들을 미리 알아보고 싶어한다. 왜냐하면 썩은 사과와 달리 좋지 않은 사람들은 우리에게 적극적인 피해를 입히기 때문이다.

만일 당신이 계속해서 바람직하지 않은 사람들과 관계를 맺게 된다면, 아마도 그 사람들은 두 가지 유형 중 한 가지일 것이다.

첫 번째 유형은 권력으로, 카리스마로, 그리고 완력으로 당신을 찍어 누르려 한다. 당신이 스스로를 무력한 사람으로 느낀다면, 당신은 아마도 그 사람에게서 힘을 얻을 수 있으리라는 기대 속에 그 사람에게 끌렸을 것이다. 여기서 아이러니는, 그런 사람들은 마치 흡혈귀처럼 남들에게서 힘을 빨아낸다는 사실이다. 그들은 주변 사람들에게 힘과 에너지를 나눠주는 것이 아니라 남들에게서 힘과 에너지를 가져간다. 당신이 그런 사실을 깨닫지 못하고 있을 뿐이다. 그들은 자신을 특별하게 보이게 하는 방법을 알고 있기 때문에, 그리고 아직 당신에게 상처를 주지 않았기 때문에 당신은 깨닫지 못하고 있는 것이다. 하지만 머지않아 그들은 당신에게 상처를 줄 것이다.

두 번째 유형은 당신을 필요로 하는 사람들이다. 당신은 당신을 필요로 하는 사람들에게 끌린다. 당신은 그들과 당신을 동일시하고 당신이 남들에게서 대우 받고 싶은 대로 그들을 대우한다. 그것은 남에게 좋은 일을 하고 스스로를 중요한 인물로 느끼거나 혹은 영웅으로 느낄 수 있는 기회이다. 그들은 위협적이지 않으며 당신에게 상처를 줄 수 없는 사람들인 것처럼 보인다. 하지만 그들은 당신에게 줄 수 있는 것이 별로 없는 사람들이다. 당신은 그들을 도와주면 그들도 당신에게 보답을 할 것이라고 기대한다. 하지만 흔한 경우 그들은 당신을 소모시키고 진을 뺄 뿐이다. 결국 당신은 그들에게 이용당했다고 느끼게 될 것이고, 자신이 결코 원하지 않았던 모습을 갖게 될 것이다. 즉, 그들에게 차갑고 무관심하게 대하게 될 것이며, 심한 경우 그들에게 독설을 서슴지 않거나 그들을 학대하게 될 것이다.

두 가지 유형 모두 당신의 좋았던 의도가 종국에는 당신을 망치게 만든다. 이런 결과를 피할 수 있는 한 가지 방법은 상대방의 성격이 어떤지 미리 알아보는 것이다. 그렇게 하면 그런 사람을 만나지 않기를 바라는 대신 그런 사람과 좀더 효율적으로 관계를 맺을 수 있게 될 것이다.

우리가 조심해야 하는 사람들은 대개 마음속에 분노를 품고 있거나 상처를 안고 있는 사람들이다.

분노를 품고 있는 사람들은 이 세상과 전쟁을 하고 있는 것과 같은 사람들이다. 이들은 처음에는 매력적으로 보일 수도 있으나, 알고 보면 경쟁심과 적대감으로 가득하고 호전적이다. 그들은 상대방과 의견이 일치하지 않을 경우 무조건 대립 국면으로 몰고 가고, 그 싸움에서 속히 이기려고 한다. 그런 사람과 함께 있으면 당신은 자신이 무언가 잘못되었거나 열등한 존재라고 느끼게 된다.

> "진정한 친구는 솔직하게 마음을 터놓고, 공정하게 조언을 하고,
> 기꺼이 도움을 주고, 대담하게 위험을 무릅쓰고,
> 모든 것을 인내하고, 용감하게 옹호하고,
> 어떤 상황에서도 변함없이 친구로 남는다."
>
> _ 윌리엄 펜

가슴 속에 분노를 품고 있는 사람들은 어린시절에 학대를 받았던 경우가 흔하며, 다른 사람에게 지는 것을 절대로 참지 못한다. 그들은 어렸을 때 너무 심한 상처를 받았기 때문에 어른이 되어서는 무엇이든 자기 마음대로 하겠다고 마음먹은 것이다. 그런 투쟁적인 성향을 당신의 변호사가 가지고 있다면 환영할 만한 일이겠지만, 친구나 연인, 혹은 동료가 그런 성향을 가졌다면 절대 환영할 일이 못된다. 당신은 그들에게서 상처를 받게 될까 두려워서 자신이 원하는 것을 희생한 채 그들이 원하는 대로 따르기 쉽다.

가슴 속에 분노를 품고 있는 사람에게 당신이 지닌 목표와 포부를 말한다면 그는 당신의 열정을 꺾으려 할 것이고, 당신의 사기를 바닥에 떨어뜨리려 할 것이다. 그런 사람은 자신보다 운이 나쁜 사람과 함께 있는 경우에는 그 사람의 일에 무관심할 것이고, 심한 경우에는 그 사람을 경멸하거나 무시할 것이다.

가슴 속에 상처를 지니고 있는 사람들은 남들에게 상처를 주기보다는 스스로가 상처를 잘 받고 좌절감에 쉽게 빠진다. 그런 사람들과 함께 있으면 달걀 껍질 위를 걷고 있는 듯 불안하다. 그들에게 상처를 주지 않기 위해 두 배로 조심을 하지 않는 한, 당신은 그들 때문에 죄책감

을 느끼기 쉽다. 그들은 다른 사람들이 하는 모든 말과 행동을 자신에 대한 공격으로 받아들인다. 그리고 맞서서 화를 내거나 공격을 하는 대신 뒤로 물러서거나 스스로를 고립시킴으로써 상대방으로 하여금 죄책감을 느끼게 만든다.

가슴에 상처를 지니고 있는 사람은 어려서 애정을 받지 못하고 자란 경우가 많다. 그들은 사랑받지 못하고 보호받지 못하는 가운데 스스로를 가치 없는 사람이고 특별하지 않은 사람이라고 느끼며 자라왔다. 그들은 당신의 사기를 꺾어놓지는 않지만 그렇다고 당신에게 힘이 되지도 않는다. 그들은 스스로 상실감과 박탈감이 너무 크기 때문에 다른 사람들에게 힘이나 에너지를 줄 형편이 못된다. 자신보다 운이 나쁜 사람들 사이에 있는 경우 이들은 스스로 고갈되고 압도당한다고 느끼기 때문에 상대에게 도움을 주지 못한다. 또한 그런 사람을 구해주지 못하기 때문에 스스로를 무기력한 존재라고 느낀다.

> "고결한 사람은 고결한 사람들을 불러 모은다.
> 그리고 그들과 관계를 유지하는 방법을 안다."
>
> _괴테

다행히도 세 번째 유형의 사람들이 있다. 그들은 건강한 인격을 지닌 사람들이다. 마음이 열려 있고, 자신감을 갖고 있으며, 강한 신념을 지니고 있고, 유머감각도 발달한 그들은 바로 우리가 원하는 사람들이다. 어린시절에 사랑을 충분히 받고 안전하게 느끼며 자란 그들은 성실하고 정직하며 진실하다. 상처를 입거나 화가 났을 때 그들은 바로 그 자리에서 표현을 하고, 마음에 원한을 품거나 지지 않으려고 애쓰지 않는다. 다른 사람이 성공한다고 해서 위협을 느끼지 않기 때문에 그들은 다른 사람의 열정을 지지해줄 것이다. 그리고 자신보다 운이 나쁜 사람들에게는 진심으로 연민을 느끼고 도와주려 애쓴다. 이들은 누군가가 자신을 필요로 할 때 기꺼이 도움을 주는 사람들이다.

불행히도 당신이 만나는 사람들 대부분은 가슴 속에 분노를 품고 있거나 상처를 안고 있는 사람들일 것이다. 그런 사람들과 어울리는 것 자체가 반드시 당신 자신을 망치게 하는 것은 아니다. 당신이 그들에게 빨려 들어가지만 않는다면 말이다. 그들을 잘 다룰 수만 있다면 만족스러운 관계를 가꿔갈 수 있을 것이다.

그리고 기억해야 할 것 하나. 변해야 하는 것은 그들이지 당신이 아니다.

가슴 속에 분노를 품고 있는 사람들을 피하고,
상처를 안고 있는 사람들을 이해하고,
건강한 인격을 가진 사람들을 찾으라.

가슴 속에 분노를 품고 있는 사람들을 다루는 방법

- 그들을 피할 수 없다면, 그들을 변화시킬 수 없다는 사실을 인정하라.

- 그들과 너무 가깝게 지내거나 그들을 너무 믿지 마라.

- 그들과 경쟁하려 하지 마라. 그들은 절대로 지지 않으려고 하기 때문에 그들과 경쟁을 하면 이기기 힘들다. 설령 당신이 이긴다 하더라도 그들은 당신이 그 승리를 즐기게 놔두지 않을 것이다.

- 그들 때문에 위협을 느끼거나 겁을 먹어서 자신을 위해 행동하지 못하는 상황이 되지 않도록 하라.

- 그들과 논쟁을 벌이지 마라. 공정하고 합리적인 행동방식을 생각해서 행하라.

가슴 속에 상처를 안고 있는 사람들을 다루는 방법

- 그들이 상처를 입은 듯 행동한다고 해서 당신이 그들에게 상처를 입힌 것은 아니라는 사실을 잊지 마라.

- 그들의 기분에 휩쓸리지 말고, 그들의 기분을 좋게 해줘야 하지 않을까 하는 책임을 느끼지 마라.

- 그들을 행복하게 해주는 것은 당신 능력 밖의 일임을 기억하라.

- 그들을 냉정하고 객관적으로 다룰 수 있도록 노력하라.

- 당신이 그들에게서 어떤 행동과 태도를 기대하는지를, 그리고 그들이 합리적인 선에서 당신에게서 무엇을 기대할 수 있는지를 사전에 명백히 하라.

03

일을 미룬다

"저녁에라도 시작하는 것이
아예 시작하지 않는 것보다 낫다." _영국 속담

"일을 미루는 것은 어제에 매어 있을 수 있는
일종의 기술이다." _도널드 로버트 페리 마르키스

"외로움은… 예전에도, 지금도, 그 누구도
절대로 피할 수 없는 경험이다." _토머스 울프

청중 5백 명을 대상으로 세미나를 할 때였다. 일을 뒤로 미루는 버릇이 스스로를 망치는 행동습관 중 상위 세 가지에 속하는 사람은 손을 들어보라고 했더니, 90퍼센트 정도가 손을 들었다.

거의 모든 사람들이 오늘 할 수 있는 일을 내일로 미룬다. 스스로를 망치는 습관 퇴치 전문가들조차도—나 자신도—그러하다. 지난 몇 년 동안 내가 매체에 소개될 때마다 사람들은 내게 말하곤 했다. "당신은 책을 써야 돼요." 나도 내가 책을 써야 한다는 것은 알고 있었다. 책을 쓰고 싶기도 했다. 책을 쓰는 일을 시작했던 적도 있다. 하지만 항상 작업을 미루게 되는 이유들이 있었다. 나는 그런 자신을 비웃었다. "자신의 게으름도 정복하지 못하면서 어떻게 다른 사람들이 변화하도록 돕겠다는 거야?"

그러던 어느 날 나는 무엇이 나로 하여금 자꾸만 일을 미루게 하는지 깨달았다. 나는 '외로웠던' 것이다. 혼자서 오랫동안 집중해서 일해야 한다는 것은 생각만 해도 참을 수는 일이 없었다. 일단 그것이 문제였음을 깨닫게 되자, 어떻게 하면 그 문제를 해결할 수 있을지도 알게 되었다. 파트너를 찾아서 함께 일을 하는 것이었다. 그때부터 책을 쓰는 일은 즐거운 일이 되었고, 순조롭게 진행되기 시작했다.

물론 사람들이 일을 미루고 질질 끄는 데에는 여러 가지 이유가 있다. 자신에 대해 의심이 생겨서이기 때문이기도 하고, 지루해서이기도 하며, 실패할까 두려워서이기도 하다. 또한 아직 준비가 되어 있지 않다는 기분이 들기 때문이기도 하다. 하지만 그런 기분들 자체가 반드시 일을 미루게 만드는 것은 아니다. 흔히 그보다 더 큰 문제는 그런 어려움을 혼자서 겪어내야 하며, 우리를 도와주거나 지지해주거나 격려해주는 사람이 없다는 사실이다. 그런 자신을 게으르다고, 겁쟁이라고, 자신감이 부족하다고 욕할지 모른다. 하지만 일을 시작하는 데 있어 진정한 장애물은 외로움이다. 특히 혼자서 해야 하는 일을 미루는 경우에 있어서 일을 미루게 만드는 주범은 외로움이다.

이 문제는 뿌리가 깊은 것이다. 예를 들어, 처음으로 걸음마를 시작할 때, 아이는 자기 발로 걸을 수 있다는 흥분과 미지의 세계에 대한 두려움 사이를 오락가락한다. 흥분했을 때 아이에게는 아무도 필요하지 않다. 하지만 두려움을 느끼기 시작하면 아이는 뒤를 돌아 엄마나 아빠를 쳐다보면서 안전하다는 것을 느끼려 한다. 그리고 혼자 걸을 수 있다는 확신을 느끼려 한다. "괜찮아. 무서워하지 마. 할 수 있어!"라는 말을 들으면 아이는 다시 앞으로 발을 디딜 수 있다. 하지만 뒤를 돌아봤음에도 엄마나 아빠로부터 그런 격려의 말을 듣지 못하면 아이는 넘어져서 일어나지 못하고 다시 기어다니게 될 것이다. 아이가 걷는 행위를 혼자서 해야 하는 한, 걸음 준비는 영영 되지 않을 것이다. 그 후에도 아이가 어려운 일을 맞닥뜨릴 때마다 비슷한 상황이 전개된다. 어른이 아이의 곁에서 위안을 주고 지지해주지 않으면, 아이는 모든 '도전'을 혼자서 해내야 하는 '고통'과 연관지어 생각하게 될 것이다.

어른으로부터 격려를 받고 지침을 얻고 확신을 얻었던 아이는 자라서도 그런 사람—확신과 상식, 탄력성을 지닌—을 갖게 될 것이다. 그리고 무엇엔가 의심을 갖게 될 때는 그 사람을 찾게 될 것이다. 한편, 혼자서 고독하게 노력해야 할 때가 되면 상처받았거나 두려웠던 기억이 떠오른다면, 어른이 되어서도 일을 미루게 될 것이다.

결국, 혼자서 해야 한다는 외로움 때문에 일을 미루는 태도를 극복하게 해주는 열쇠는 다른 사람들로부터 지지와 도움을 받는 것이다.

흔히 일을 미루던 사람도 다른 사람들과 함께 하게 되면 적극적으로 일을 시작할 수 있게 된다. 그렇기 때문에 사람들은 조깅을 함께 할 사람을 구하고 스터디 그룹을 만드는 등 어떤 일을 함께 할 협력자를 찾는 것이다. 알코올중독자 자주치료협회(Alcoholic Anonymous; 음주와 관련한 문제를 가지고 있는 사람들의 세계적인 모임으로, 인종, 나이, 직업, 종교, 학력에 관계없이 참여할 수 있다. 알코올중독자들이 공동의 문제를 해결하기 위해 경험을 나누고 힘과 희망을 주는 모임이다.—옮긴이)와 같은 성공적인 자조(自助) 단체에서 회원들이 소위 '후원자'로부터 많은 도움을 받는 것도 그런 이유에서다.

함께 일을 할 동료가 없다면, 일을 미루지 않으려는 당신의 노력에 도움을 줄 수 있는 사람을 누구든 찾아보도록 하라. 나는 박사 학위 논문을 미뤄온 한 여성에게 그런 역할을 해준 적이 있다. 매일 아침 아홉 시면 나는 그녀에게 전화를 걸어서 다음과 같은 질문들을 했다. "책상 앞에 앉았어요? 이제 뭘 할 거예요? 그 일을 다하고 나면 뭘 할 건가요?" 그리고 그녀에게 한 시간마다 나에게 전화를 걸어서 진행 상황을 알려달라고 했다. 성인을 그런 식으로까지 관리할 필요가 있는지 의아하게 느끼는 사람도 있을 것이다. 하지만 그 방법은 효과가 있었다. 우리들 대부분과 마찬가지로, 그녀도 혼자서 해내야 하는 상황을 버거워했던 것이다.

함께 일할 수 있는 사람이나 위와 같이 모니터라도 해줄 수 있는 사람을 찾을 수 없다면, 당신을 아끼는 부모님이나 할아버지 할머니, 친구, 혹은 선생님을—당신이 실망시키고 싶지 않으며, 당신이 피해오던 일을 마침내 해냈을 때 당신에게 "정말 잘했어!"라고 말해줄 수 있는 사람을—머릿속에 떠올려보라. 상상 속에서라도 다른 사람으로부터 격려와 지지를 받는다면, 미뤄둘 수도 있었을 일을 해낼 수 있을 것이다.

우리는 게으르기 때문에
일을 미루는 것이 아니라, 그 일을 혼자서 하기가
외롭기 때문에 미루는 것이다.

- 자신이 자꾸 일을 미룬다는 사실에 좌절하느라 더 이상 시간을 낭비하지 마라.

- "다음엔 달라질 거야"라고 스스로를 합리화하고 지나가지 마라.

- 함께할 수 있는 동료를 찾아라.

- 동료를 찾을 수 없다면, 어떤 일을 시작할 때 그 일을 미루지 않고 시작하는 데 도움을 줄 수 있는 친구를 찾아서 부탁하라.

- 그 친구가 어떤 일을 시작할 때면 일을 미루지 않을 수 있도록 도와줌으로써 보답하라.

04

남들이 자신의 기분을
알아줄 거라고 기대한다

"어느 누구도 다른 사람을 진정으로 이해할 수는 없다.
그리고 어느 누구도 다른 사람의 행복을 책임질 수는 없다." _그래엄 그린

42세의 역사가인 재닛 레이크는 재직하고 있던 대학교에서 안식년을 얻어 교재를 한 권 쓰기로 했다. 그 기간 동안 혼자 고립되지 않기 위해서 그녀는 사람들과 자주 모임을 가졌고, 초대에는 모두 응했다. 그런 경우 그녀는 남편에게 모임에 같이 가자고 그야말로 통사정을 해야 했다. 그리고 그런 사실에 대해 불평을 했다. 하지만 그녀의 남편 로버트는 그런 아내의 압력을 사생활의 침해라고 여겼고, 아내가 사람들과의 교제에 지나치게 집착한다고 비판을 했다. 한편 재닛은 남편이 그런 자리들을 너무 피하며, 마지못해 동석을 하더라도 사람들에게 무례하고 불친절하게 대한다고 불평했다. 또한 로버트는 재닛이 무조건 자신을 비판하기만 한다고 비판했다.

재닛과 로버트 부부가 나를 찾아왔을 때 두 사람의 문제는 7년간의

결혼생활을 위협할 정도로 심각한 상태였다. 두 사람은 분명 각자의 입장이 있었고, 상대가 자신을 이해해야 한다고 생각했다. 그러나 두 사람은 분명 서로를 이해하지 못하고 있었다. 두 사람의 차이는 너무나 커서 마치 다른 행성에서 온 사람들 같았다. 설상가상으로 두 사람은 상대방이 자신을 이해할 수 있음에도 이해하려 하지 않는다고 믿고 있었다.

"당신은 이해 못해!"라는 말은 사람들이 서로에게 가장 흔히 퍼붓는 비난 중 하나이다. 다른 사람에게서 오해를 받는 것은 화가 나는 일이므로 사람들은 이해받기 위해서 자신의 입장을 설명하고 또 설명한다. 그럼에도 계속해서 이해받지 못하면 실망감은 분노로 바뀐다. 이해받지 못한다는 사실보다 더욱 화나는 것은 상대방이 이해하려는 노력조차 하지 않는다고 느끼는 일이기 때문이다. 우리가 느끼는 기분은 우리 자신에게는 너무나 명확하기 때문에 상대방에게도 그렇게 명확하게 전해지리라 생각한다. 그런데 상대방은 고집을 부리면서 우리의 기분을 모른 척한다고 생각하는 것이다. 그래서 우리는 상대방에게 우리를 이해할 것을 강요한다. 그러면 상대방은 궁지에 몰리는 기분을 느끼며 우리와 마찬가지로 화가 나게 된다. 상대를 이해할 생각이 없었던 사람이라면 화가 난 상태에서는 더구나 상대를 이해하려 들지 않을 것이다.

> "사람이 누군가를 이해한다는 것은 가짜 거울과도 같다.
> 불규칙하게 빛을 받아들이면서
> 사물의 본질을 왜곡하고 변색시키는 가짜 거울."
> _프랜시스 베이컨

우리는 사실을 개인의 가치와 견해라는 필터를 통해 걸러서 받아들이기 때문에, 대상을 제대로 이해하지 못하는 것은 피할 수 없는 일임을 깨닫는 것이 중요하다. 때로는 다른 사람의 생각이나 감정을 '이해한다는' 것이 불가능하기도 하다. 그렇지만 다른 사람이 어떻게 느끼는지를 '느끼는' 것은 가능하다.

우리 모두는 마음 깊은 곳에 사랑, 애정, 존중, 안전, 자기 표현 등에 대한 욕구를 지니고 있다. 이런 욕구가 채워지지 못하면 우리는 분노, 공포, 슬픔, 고통 등의 감정을 느끼게 된다. 그런 보편적인 감정에 초점을 맞춤으로써 우리는 이해보다 더 깊고 더 의미 있는 것, 즉 '공감'을 할 수 있게 된다. 공감은 무척 값지고 유용한 것이다. 공감은 적대감을 없애주기 때문이다. 어떤 사람이 느끼고 있는 기분을 당신도 느낀다면, 그 사람에 대해 화를 내는 일은 심리적으로 불가능한 일이기 때문이다.

공감을 불러일으키는 효율적인 방법 중 하나는 한 사람의 기분을 다른 사람의 언어로 옮기는 유추법을 사용하는 것이다. 재닛과 로버트 부부에게 그 방법을 적용하기 시작하면서 나는 로버트에게 엔지니어링 회사의 디자인실 실장인 그의 위치와 관계 있는 상황을 가정해보도록 했다. "만일 당신이 중요한 프로젝트를 진행하고 있는데, 당신 팀원 중 한 사람이 고객들 앞에서 부루퉁하고 무례한 태도를 보인다면 당신은 기분이 어떻겠습니까?"

로버트는, 화가 날 것이며, 팀원의 행동이 자신의 명성을 더럽힐 수 있기 때문에 모욕을 당한 기분이 들 것임을 인정했다. 그리고 곧 그는 자신의 아내가 그와 비슷한 기분을 느꼈으리라는 것을 알 수 있었다.

재닛은 사람들을 한데 모으고 대화를 이끌어가는 데 능하다는 자신의 명성에 자부심을 느끼고 있었다. 그러므로 그녀는 로버트의 무뚝뚝한 태도가 자신에게 좋지 않은 인상을 줄 것이며, 자신이 인생에서 가치 있게 생각해온 부분을 위협할 것이라고 생각한 것이다. 그녀에게 있어 사람들과의 친교는 로버트에게 있어 사업상의 관계만큼이나 중요한 것이기 때문에, 남편의 비사교적인 행동으로 인해 재닛은 위에서 가정해본 상황에서 로버트가 느꼈을 바로 그 기분을 느꼈을 것이다. 그런 사실을 알고 나자 로버트의 태도는 눈에 띄게 부드러워졌다. 그리고 아내에게 말했다. "미안해."

로버트와 재닛 부부는 서로에게 공감할 수 있는 중간 지점에 도달한 것이었다. 이번에는 재닛이 남편의 기분을 느낄 필요가 있었다.

내가 보기에 로버트는 사람들, 특히 낯선 사람들과 함께 있을 때보다는 사물이나 숫자를 대할 때 더 편하게 느끼기 때문에 사람들과 어울리기를 거부하는 것이 분명했다. 아내에게는 자신에게 그런 자리에 참석하기를 기대할 권리가 없다고 생각하며, 또한 그런 사교적인 행사와 행동을 사소한 것으로 생각함으로써 그는 자신이 부족한 존재라는 느낌을 숨길 수 있었고, 노력하지 않는 자신의 태도를 정당화할 수 있었다.

재닛이 남편의 태도에 공감할 수 있도록 돕기 위해서 나는 그녀가 똑같이 민감하게 느끼는 주제—부모 역할을 해내는 기술—를 끄집어냈다. "사녀를 유아원에 데려갈 때마다 아이들이 사람들 앞에서 불쾌하게 행동한다고 생각해보세요. 그리고 당신이 어떻게 하든 간에 아이들이 여전히 못되게 군다고 해봅시다." 재닛은 기분이 나쁠 거라고 말했다. 스스로가 너무나 무능력한 엄마로 느껴질 것이기 때문에, 그런 당황스러움을 느끼지 않기 위해 아이들과 함께 사람들 앞에 나타나는 것을 피하게 될 거라고 했다. 바로 로버트가 사교적인 면에서 무능력하게 느껴지기 때문에 사람들과 만나는 자리를 피하려 했던 것과 마찬가지로. 그 다음에는 아내로부터 비판을 들을 때 로버트가 느끼는 기분에 공감할 수 있게 하기 위해서 재닛에게 이렇게 물었다. 그녀의 어머니가 그녀에게 엄마 노릇을 잘 못한다고 잔소리를 하면서 결점을 들춰낸다면 기분이 어떻겠느냐고. 그러자 그녀는 "흥분하고 당황하고 몹시 화가 나겠죠"라고 했다. 사람들과의 모임 이후 재닛의 비판 때문에 로버트가 바로 그렇게 느꼈을 것이다.

그런 유추법이 재닛과 로버트의 관계를 치유했다고 하는 것은 과장일지 모른다. 하지만 그 과정이 서로에 대한 반감을 공감으로 바꾼 것은 사실이다. 이제 두 사람은 공통된 견해 위에서 차분하고 성인답게 서로의 차이점에 대해 논할 수 있게 되었다.

> "이해의 끝은 입증하고 이유를 찾아내는 것이 아니라
> 서로를 알고 믿는 것이다."
>
> _토머스 칼라일

그런 유추법은 사람들이 서로를 이해하지 못할 때면 언제든 사용할 수 있지만, 특히 남자와 여자의 관계에서 도움이 된다. 나는 남자와 여자의 관계에서 유추법을 쓸 때 특히 효과적인 유추 대상을 발견했다. 남자들에게는 일과 관련한 상황과 스스로 알아서 하고자 하는 욕구가

그것이고, 여자들에게는 관계와 관련한 문제와 친교에 대한 욕구가 그 것이다. 직업이나 지위, 혹은 가치관과 관계없이 일반적으로 남자와 여자는 각자 그런 측면에서 자신의 존재감을 확인하고 존중받고 있다는 기분을 확인하려 한다. 남자에게 있어서 일자리를 잃는 것은 여자에게 있어서 연인과 헤어지는 것만큼이나 스스로를 무가치한 존재로 느끼게 하는 사건이다. 장래성이 전혀 없는 직업에 갇혀 있는 남자가 느끼는 좌절감은 자녀들과 집안일에 둘러싸여 있는 여자가 느끼는 좌절감과 비슷하다. 남자에게 있어 모욕을 당하면 어쩌나 하는 두려움은 여자에게 있어 버림받으면 어쩌나 하는 두려움과 흡사하다.

   기분은 의미보다 더 강력하다. 다른 사람들의 기분이 어떤지를 느끼려는 노력을 할 마음이 있다면, 그리고 그들로 하여금 당신의 기분이 어떤지 느낄 수 있도록 도와줄 마음이 있다면 당신은 유추법을 통해 상대에게 공감할 수 있을 것이다.

> 사람들이 당신을 이해하지 못한다면
> 그들로 하여금 당신의 기분이
> 어떤지를 알게 하라.

- 이해받지 못한다는 사실 때문에 실망하고 있다면, 사람들에게 반감을 갖는 대신 자신을 다른 방식으로 표현하도록 노력하라.

- 설교를 하거나 흠을 잡거나 이치를 설명하려 하는 대신, 상대가 당신의 기분을 느낄 수 있도록 도와주는 유추법을 사용해보도록 하라. 유추법을 쓰는 방법은 다음과 같다.

- 우선, 자신의 감정이 어떤지 확인한다. 자신의 기분이 정확히 어떠하며 왜 그런 기분을 느끼는지를 알아내는 것이다.

- 상대가 지금 당신과 같은 기분을 느낄 수 있을 상황을 생각해본다. 유추법은 그 사람의 성격과 환경에 딱 들어맞는 상황을 가정할 때 가장 효과가 있다.

- 그 상황에서 상대가 어떤 기분을 느끼는지 물어본다. 비난하는 태도를 취해서는 안 되며, 공정하게 회유적인 태도로 말해야 한다.

- 상대가 그 상황에서 마땅히 느끼게 될 기분을 인정하면, 당신이 비슷한 기분을 느꼈을 것이라는 사실을 알겠는지 물어본다. 상대가 그 상황을 기억할 수 있게 도와야 한다. "친구들 앞에서 당신이 내 흉을 봤을 때 내 기분이 바로 그랬어."

- 그 다음에는 입장을 바꿔서 상대가 느꼈을 기분을 당신이 느낄 만한 상황을 가정해본다.

- 상대의 기분이 어떠했을지를 이해했다는 사실을 상대에게 알린다. 상대가 보이던 반감이 약해지는 것을 느낄 수 있을 것이다. 그리고 당신과 상대방은 좀더 마음을 열고 대화할 수 있게 될 것이다.

05

너무 늦을 때까지 기다리다 때를 놓친다

"아침에 도를 들으면 저녁에 죽어도 좋다" _공자

1991년에 동료 의사들과 나는 소위 '마이클 랜든 말리부 전염병'을 목격했다. 그 건장하고 힘세던 배우가 암 말기로 투병하고 있다는 소식이 전해지자, 사람들 사이에는 '그 사람한테 그런 일이 생겼다면 나에게도 생기지 말란 법이 없지'라는 생각이 퍼졌다. 갑자기 의사들과 심리치료사들은 수많은 전화에 시달렸다.

불행히도, 삶을 정직하게 바라보기 위해서는 어떤 비극이 필요한 경우가 있다. 우리는 비극을 접하면 자신의 삶을 다시 평가하고 후회하게 되는데, 때로는 삶을 바로잡기에는 너무 늦어버린 경우도 있다. 그 가장 흔한 예는 자신의 에너지의 대부분을 일을 하는 데 쏟아온 사람에게서 찾아볼 수 있다. 그러던 중 그 사람 주변의 누군가—아버지나 정신적 스승, 혹은 동년배의 사람—가 세상을 떠난다. 혹은 그 사람 자신이 스트레스와 관련한 질병으로 몸져눕게 된다. 그러면 그제서야 그는 자신이 읽으려 했던 책들을 다 읽으려면 수명이 더 필요하다는 사실을 깨닫게 된다. 그의 아이들은 아버지가 없는 것이나 마찬가지로 자라왔다. 그와 아내는 몇 년 동안이나 친근한 시간을 함께 보내지 못했다. 이제 그는 현인들이 했던 다음과 같은 말을 실감하게 된다. "죽음을 앞둔 사람은 결코 사무실에서 더 많은 시간을 보내고 싶어하지 않는다."

나는 다 큰 어른이 아이처럼 우는 것을 여러 번 보았다. 부모님과 미처 화해하기 전에, 혹은 사랑과 감사의 마음을 충분히 표현하기도 전에 부모님이 세상을 떠났기 때문이다. 그 가운데 한 여성이 특히 기억에 남는다. 그녀는 자신을 무시하고 비난하기만 하는 어머니와 거의 일생 동안 인연을 끊고 살아왔다. 그리고 뒤늦게 친척으로부터 어머니가 세상을 떠났다는 이야기를 들었을 때 그녀는 가슴 속에서 뜨거운 무언가가 느껴지는 것을 보고 놀랐다. 어머니에 대해 생각하면서 난생 처음으로 화가 나지 않았던 것이다. 그 대신 그녀는 후회로 몸서리쳤다. "내 삶에서 어머니를 배제했던 것은 공허한 승리였어요." 그녀가 말했다. "어머니를 피함으로써 상처를 받지 않을 수 있었지만, 동시에 어머니와 좋은 관계를 만들어갈 기회를 놓쳤던 거죠."

> "나는 내가 젊었을 때 많은 것들에
> 민감하게 반응했던 것을 후회하지 않는다.
> 지금 나는 내가 받아들이지 못했던 기회와 가능성을 후회할 뿐이다."
>
> _ 헨리 제임스

내 일생에 가장 기억에 남는 것들 중 하나는 의과대학에 다니면서 요양원에서 시간제로 일할 때 만났던 사람들의 사연이었다. 요양원 1층에는 가장 상태가 안 좋은 환자들이 살고 있었는데, 한 남자가 하루 종일 휠체어에 앉은 채 혼잣말을 중얼거리고 있었다. 나는 그 사람의 차트를 보고 깜짝 놀랐다. 그는 주 대법원의 판사였던 사람이었다. 나는 수간호사에게 왜 그 사람을 찾아오는 이가 아무도 없는지 물었다. 수간호사가 말하기를, 그는 평생 모든 사람을 멀리하고 살았다는 것이다.

위층에는 브론스타인 씨가 살고 있었는데, 그는 늘 활기가 넘치고 유쾌한 사람이었다. 나는 그가 왜 요양원에 와 있는지 궁금했다. 그는 자신의 아내가 1층에 살고 있다고 말했다. 미국으로 이주해온 뒤에 부부는 양복 재단사와 재봉사로 함께 일했다고 한다. 두 사람은 열심히 일해서 대공황과 제2차 세계대전 기간을 이겨냈다. 그리고 자녀 셋을 낳아 길렀는데, 자녀들은 모두 두 사람의 자랑거리였다. 나이가 들어 아내가 심장발작을 일으켰고, 그 후 아내는 말도 하지 못하고 소변과 대변도 가리지 못하게 되었으며, 남편도 알아보지 못했다. 매일 아침 그는 아내의 침대를 정리해주고, 아내의 몸을 씻긴 후 머리를 땋아주었다. 그는 말했다. "사람들은 나에게 왜 사서 고생을 하느냐고 하지만, 나에게 내 아내보다 중요한 게 있을까요? 아내는 내 평생의 동반자였어요. 그리고 만일 내가 아내와 같은 상태가 되었다면, 아내도 나에게 똑같이 해주었을 겁니다."

물론 브론스타인 씨는 후회 없이 삶을 마감했다. 하지만 대법원 판사였던 사람은 그럴 수 있었을까? 그가 일에 있어서는 큰일을 이루었을지 모른다. 하지만 누군가 그에게 인생을 다시 산다면 어떤 부분을 다르게 살고 싶은지 물었다면, 그는 아마도 이렇게 대답했을 것이다. "친구를 더 사귀었을 겁니다."

당신은 이미 인생에서 중요한 것이 무엇인지 알고 있을지 모른다. 하지만 현 상태를 뒤집기 싫어서 애써 모른 체하고 있을지 모른다. 죽음을 맞거나 생명을 위협하는 질병에 걸린 뒤에야 정신이 든다면, 그때는 이미 늦었을지 모른다.

> 너무 늦은 뒤에야
> 인생에서 중요한 게 무엇인지
> 깨닫지 않도록 하라.

- 80세가 되어서 인생을 돌아보는 상상을 하라.

- 의미 있는 삶을 살았다고 느끼려면 어떻게 살았어야 하는지 스스로에게 물어보아라.

- 지금과 같은 모습으로 계속해서 살아간다면, 80세가 되었을 때 중요한 일을 모두 해냈다고 할 수 있을까?

- 80세가 되었을 때 의미 있는 삶을 살아왔다고 회상할 수 있으려면, 오늘부터 어떤 것을 바꾸면 될까?

- 지금 당장 그 변화를 시작하라.

06

충동적으로 화를 내는 바람에
일을 더 망친다

"화는 잠시 정신이 나가는 상태이다." _호레이스

"주먹을 꽉 쥔 채로는 제대로 생각할 수 없다." _조지 진 네이선

마리안느는 한 TV 프로그램의 유일한 여자 작가였다. 그녀가 유일한 여자라는 사실이 문제가 된 적은 없었다. 그녀는 늘 남자 작가들과 동등한 대우를 받았다. 그러다가 그녀는 출산 휴가를 받고 한동안 일을 쉬었다. 휴가를 마치고 돌아왔을 때 사람들은 그녀의 아이디어를 진지하게 받아들이지 않았으며, 그녀에게 새롭게 주어지는 일들은 그녀의 능력이나 경험에 비해 떨어지는 일이었다. 마치 그녀가 없는 사이에 그녀의 위치가 강등되기라도 한 것 같았다.

문제는 마리안느가 모유 수유를 고집하면서 더욱 복잡해졌다. 모유를 짜서 용기에 담아두기 위해 잠깐씩 자리를 비울 때마다 동료 중 한 사람은 큰 소리로 "음매애애!" 하며 소 울음소리를 냈고, 나른 동료들은 가슴과 관련한 농담을 했다. 마리안느는 몹시 화가 났지만 자신이

화를 낼 경우, 호르몬이 왕성하게 분비되는 여성은 사람들과 사이좋게 지내지 못하거나 농담도 받아들이지 못한다는 편견을 강화시킬 뿐임을 알고 있었다. 또한, 화를 낸다면 예전과 같이 존중받는 직원이 되겠다는 자신의 목표를 달성할 수 없으리라는 것도 알고 있었다.

> "화와 어리석은 행동은 늘 붙어 다닌다."
>
> _ 벤저민 프랭클린

물론 마리안느가 옳았다. 화를 낸다면 일시적으로 마음이 풀릴 수는 있을지 몰라도, 종종 나중에 후회할 일을 하게 될 것이고, 윤리적으로도 고지를 잃게 될 것이다. 그 반대되는 방법—화를 억누르는 것—도 마찬가지로 위험하다. 화가 마음속에서 점점 커져서 우울증이나 심신의 병이 될 수 있기 때문이다. 내가 마리안느에게 제안했듯이, 세 번째 방법이 있다. '화를 신념으로 바꾸고 원칙에 근거하여 행동하라'가 그것이다. 그렇게 하면 당신은 명쾌함, 용기, 힘으로 무장하고 효율적으로 행동할 수 있을 것이다.

나는 마리안느에게 동료들이 위반하고 있던 원칙들에 대해 생각해 보고, 원칙을 옹호할 수 있는 방법을 찾아보라고 했다. 다음 기회에 그녀는 동료들에게 말했다. "우리 모두는 프로답게 행동하고 서로를 동등하게 대우해야 한다는 데 동의한다고 생각합니다. 따라서 만일 제가 제 아이에게 모유를 먹이는 것이 프로답지 못한 행동이라고 생각하신다면 저는 그 행동을 그만두겠습니다. 단, 한 가지 조건이 있습니다. 여러분도 사무실에서 개인적인 통화나 여자친구를 만났던 얘기

같은 것을 하지 마시고, 회의 중에 축구 얘기도 하지 마세요. 그러면 공평하겠죠. 이 말, 농담 아니에요."

"당신의 말 속에 분노가 담겨 있다는 것은 이해하겠지만
당신의 말은 이해하지 못하겠소."

_ 셰익스피어

확신을 가지고 행동하고 유머를 곁들여 말함으로써 마리안느는 품위를 잃지 않으면서 동료들의 불쾌한 행동을 멈추게 할 수 있었다. 그 후 그녀는 좀더 힘 있는 위치에서 다른 문제들—그녀에게 중요하지 않은 일을 맡겼던 것 등—도 해결해나갈 수 있었다. 만일 그녀가 상처 입은 것을 드러내면서 화를 냈다면, 사람들은 그녀의 불만을 귀담아 듣지 않았을 것이며, 그녀를 더욱 존중하지 않게 되었을 것이다. 어쩌면 그녀 자신도 스스로를 존중하지 않게 되었을지 모른다.

사적인 감정을 초월하여 중요한 가치를 지킬 수 있다면, 우리는 우리를 화나게 한 상대에게 보복할 때의 짜릿함보다 훨씬 중요한 것을 얻을 수 있을 것이다. 그것은 바로 용기와 신념의 힘이다.

화는 우리를 사납고 거칠게 만들지만
신념은 우리를 강하게 만든다.

- 분노를 가라앉혀라. 충동적으로 행동하고 싶은 기분을 억누르고 시간을 갖고 상황을 돌아보아라.

- 무엇이 자신을 화나게 했는지 스스로에게 물어보아라. 당신을 화나게 한 것은 대개 불공평하거나 불합리한 것일 것이다.

- 사람들이 위반한 원칙이 무엇인지 알아내고, 그 원칙과 관련한 자신의 신념을 정리하라.

- 원칙과 신념을 옹호할 수 있는 가장 창의적이며 적절한 방법을 찾아 행동으로 옮겨라.

07

No라고 말하고 싶은데 Yes라고 말한다

"나의 불행은 No라고 말하지 못하는 사람의 불행이었다." _다자이 오사무

베키와 앤이 함께 책을 쓰기로 했을 때, 베키는 그 어느 때보다 기뻤다. 앤은 이미 책을 낸 경험이 있는 작가였을 뿐 아니라 자신의 가장 친한 친구였기 때문이다. 베키는 컴퓨터를 구입하고 비어 있는 방을 작업실로 꾸몄다. 그리고 두 사람은 함께 일을 하기 시작했다.

그리고 곧 일정한 작업 패턴이 형성되었다. 앤이 일정과 협의 사항을 모두 정하고 작업 진행을 지휘했으며, 요란한 상상력을 주체할 수 없는 듯 정신 나간 천재처럼 방안을 휘젓고 다녔다. 반면에 베키는 키보드 앞에 앉아서 타이핑만 했다. 앤은 뭔가 지루한 일은 당연히 베키가 해야 힌디고 생각했다. 앤은 베키에게 질문을 할 때도 동등한 입장에 있는 사람의 의견을 구하는 것이 아니라 부하에게 이야기하듯 설교조로 밀을 했다. 그리고 베키의 아이디어에 대해서는 계속해서 무시하거나 비웃

었다. 결국 앤의 태도는 두 사람의 공동 작업을 위협하기에 이르렀다.

앤의 행동은 적절하지 못했고, 베키의 행동은 스스로를 망치는 것이었다. 베키는 앤이 공동 프로젝트를 취소할까 두려워서 자신의 의견을 내세우지 못했다. 동시에 그녀는 앤의 지휘에 따라가면서 분노를 느끼지 않을 수 없었다. "No"라고 이야기하지 않음으로써 그녀는 "Yes"라고 말한 것이나 다름없었고, 따라서 스스로를 계속해서 학대한 것이었다. 그녀를 더욱 망친 것은 그런 상황에 대해 상대와 의논하지 않고 분노와 좌절감이 쌓이게 놔둔 것이었다. 결국 그녀는 폭발하고 말았다. "넌 마치 네가 상사이고 내가 네 부하인 듯 행동하는구나. 넌 정말 거만하고 잘난 척하는 밥맛이야!" 그로써 문제는 종결되었다. 그러나 동시에 전도유망한 파트너십도 끝이 났고, 한때 아름다웠던 우정도 깨지고 말았다.

두려워하지 않고 "No"라고 말하지 못하는 것이나, 화내지 않고 "Yes"라고 말하지 못하는 것은 사람들이 흔히 겪는 딜레마이다. 예를 들어, 한 집안의 생계를 책임지는 사람은 만일 자신이 식구들에게 씀씀이를 줄이라고 말한다면 그들의 애정을 잃을지 모른다고 두려워한다. 하지만 그렇게 하지 않는 경우, 자신이 돈을 벌어오는 것을 식구들이 당연하게 생각한다는 사실에 화가 날지 모른다.

받아들일 수 없는 행동에 마지못해 동의하느라 화가 나면서도 상대의 반응이 두려워서 반대하지 못하는 상황에 처한다면, 당신은 단순히 그 사람을 피하려 들지 모른다. 물론 그 사람이 당신의 인생에서 중요한 역할을 하는 사람이라면 그렇게 할 수 없을 것이다. 하지만 승산이 없는 일을 계속할 수도 없다. 그런 상황에서 벗어나는 유일한 방법은

"그만해!"라고 말하는 것이다. 하지만 타이밍이 대단히 중요하다는 것을 잊어서는 안 된다. 너무 오랫동안 말을 하지 못하고 질질 끌다가 뒤늦게 말하면 상대는 불쾌해하며 도리어 당신에게 화를 낼 것이다. "그러니까 지금까지 계속 그런 생각을 하고 있었다는 거야? 이 위선자!" 아니면 베키의 친구 앤처럼 이렇게 반응할지 모른다. "내가 남의 마음을 알아맞히는 사람이라도 돼? 네가 그렇게 스트레스를 받고 있는지 내가 어떻게 아냐구!"

베키가 자신의 스트레스와 괴로움이 극한까지 가기 전에 행동을 했다면, 분노를 사정없이 폭발시키는 대신 다음과 같이 이성적으로 말할 수 있었을지 모른다. "좀더 미리 말했어야 했는지 모르지만, 우리가 함께 일하는 방식이 날 화나게 해. 네가 나보다 더 많이 알고 있다는 것은 알아. 하지만 나도 기여할 부분이 있을 거야. 그리고 네가 내 아이디어를 무시할 때마다 나는 너무 실망스러워. 앞으로는 네가 나를 진정한 파트너로 대해줬으면 좋겠어."

문제를 해결하는 열쇠는 처음 실망과 좌절을 느끼기 시작할 때 그 신호를 감지하는 것이다. 예를 들어 상대를 만나는 일에 대해 점점 기대가 덜 된다거나, 협조적인 자세로 임하는 사람이 자신밖에 없다고 느껴진다거나, 무언가에 굴복하는 자신의 모습이 겁쟁이처럼 느껴진다거나. 다른 사람들이 불공정하고 불합리하게 행동할 때 그것을 참고 지나갈 필요는 없다. 그런 행동을 참고 넘어가야 한다면, 당신이 그 사람에게 호의를 베풀고 있음을 명확히 알릴 필요가 있으며, 또한 그 사람에게서 대가로 뭔가를 바라고 있음을 알려야 한다.

두려워서 No라고 말하지 못하거나
Yes라고 말은 하지만 속으로 화가 난다면
"그만하라"고 말하는 방법을 배워라.

- 다른 사람의 방식에 끌려가지 않으려는 것이 당신이 고집이 세거나 비열하거나 거만해서가 아님을 깨달아라.

- No라고 말하지 않는 것은 Yes라고 받아들여질 수 있으며, 당신이 원하지 않는 행동을 강화시킬 수 있다는 사실을 기억하라.

- 알맞은 때에 상대와 맞서도록 하라.

- 당신이 이야기하는 불만이 지금껏 상대방을 관찰해온 데서 나온 소견임을 표현하라.

- 상대의 행동이 당신에게 어떻게 상처를 주는지, 당신을 어떻게 실망시키는지, 하는 관점에서 이야기하라. 상대를 비난하거나 판단하듯이 말하지 마라.

- 문제를 일으키는 데 당신 자신도 한몫 했음을 인정하라.

- 앞으로는 상황이 어떻게 달라지기를 원하는지 구체적으로 이야기하라.

- 그런 이야기를 최후통첩인 것처럼 말하지 말고, 제안이나 요청으로 들리도록 이야기하라.

08

상대에게 원한을 품는다

"약자는 결코 용서하지 못한다. 용서는 강한 자의 특성이다." _마하트마 간디

"용서처럼 완전한 복수는 없다." _조쉬 빌링스

'용서하고 잊어버려라'는 말은 좋은 충고처럼 들리지만, 실제로 그 말대로 살기는 너무 어렵다. 아무리 좋은 의도를 갖고 있더라도 심한 압박을 느낀다면 우리는 용서하지 못하고 잊어버리지 못한다.

용서하지 못하는 것은 계속해서 비난하는 것과 마찬가지이다. 남을 비난하는 것은 일종의 강력한 방어기제로서, 자신의 화와 좌절감을 풀 목표를 찾아내는 것이다. 남을 비난하면 자신의 결점을 고백할 필요가 없다. 그렇지만 자신의 문제를 다른 사람의 잘못으로 만들면 수동적인 입장에 놓이게 된다. 책임으로부터 자유로워지면 기분은 좋다. 하지만 자신의 상황을 개선하려는 노력은 하지 못하게 된다.

그와 유사하게, 잊지 못하는 것은 계속해서 기억하는 것이다. 그것 역시 자기보호의 한 형태이다. 당신은 과거의 상처를 기억하고 있으면

경계를 늦추지 않을 수 있을 것이라 생각할 것이다. 방심하고 있다가는 다시 상처를 받을지 모른다고 생각하는 것이다. 문제는, 그렇게 경계를 하고 있으면 다른 사람들이 당신을 대하기가 힘들어진다는 것이다. 그렇게 지내다 보면 안전할 수는 있지만 결국 혼자 남게 된다. 그렇다면 잊기에 안전한 때는 언제일까? 그것은 당신에게 상처를 입히는 상황이 다시 발생하는 것을 막기 위해서는 어떻게 해야 하는지를 알았을 때이다.

> "부당한 취급을 당한 일은 아무것도 아니다.
> 당신이 그것을 계속해서 기억하기 전까지는."
> _공자

앨버트는 한 회사의 간부로, 야심이 넘치는 젊은이였다. 그는 곧 있을 승진 기회에 눈독을 들이고 있었다. 상사들에게 좋은 인상을 주고 유리한 입장을 차지하기 위해 노력하던 시기에 그는 아내 셰리와 함께 회사의 한 행사에 참석했다. 예술가인 셰리는 그 자리에서 직접 북을 치면서 춤을 췄는데, 그 후 술을 너무 많이 마시고 말실수를 함으로써 앨버트를 당황하게 만들었다. 그리고 자신의 차지일 거라고 생각했던 승진 기회가 다른 사람에게 넘어가자 앨버트는 그것을 아내 셰리의 탓으로 돌렸다. 그 후 거의 일 년 가까운 시간 동안 그는 아내 때문에 당황하는 일이 또 생길까봐서 행사에 아내를 동반하지 않고 혼자 다녔다. 그리고 회사에서 일이 잘 진행되지 않는다고 느낄 때마다 아내에게 그 사건을 상기시켰다. 그렇게 계속해서 지녀온 그의 분노는 마침내 두 사람의 결혼생활을 위협하기에 이르렀다.

그러던 중 연간 업무평가 자리에서 앨버트의 상사는 앨버트에게 무엇이 그의 발목을 잡고 있는지, 회사에서 성공하려면 어떻게 해야 하는지를 정확히 말해주었다. 당연히 그것은 그의 업무수행과 관계가 있지, 그의 아내와 관계 있는 것이 아니었다. 그렇게 현실을 인식하고 나자 그는 자신이 아내를 비난하느라 에너지를 낭비하고 있었음을 깨닫게 되었다. 결국, 그의 업무수행능력이 향상되고 성공할 가망이 높아져감에 따라 앨버트는 아내를 용서할 수 있게 되었다. 그 후 그는 이성적으로 아내에 대한 염려를 표현했다. 아내는 앞으로는 회사의 행사에서 술을 마시지 않겠다고 약속했고, 남들에게 보이는 겉모습도 중시하겠다고 약속했다. 과거가 되풀이되지 않을 거라는 확신을 갖게 되자, 앨버트는 용서할 수 있었을 뿐 아니라 잊어버릴 수 있었다.

> "용서는 보내지 않기로 한 편지와 같아야 한다.
> 반으로 찢어 불태워버려야 한다.
> 그래서 다시는 꺼내보이지 말아야 한다."
>
> _ 헨리 워드 비처

용서할 수 있는 가장 좋은 방법은 그 일에 대해 생각하는 것을 멈추고 중요한 목표를 성취하는 데 집중하는 것이다. 앞으로 열심히 나아가며 만족스러운 삶을 만드는 데 애쓴다면, 실망감도 덜 느낄 수 있을 것이고, 화도 덜 날 것이다. 당신은 자신의 행동에 대해 더욱 기꺼이 책임을 지게 될 것이고, 남을 비난하려는 마음은 서서히 사라질 것이다.

불쾌한 마음과 태도 때문에 행복에 흠집을 내고 싶은 사람은 없을 것이다. 그리고 당연히 복수하는 것보다는 인생에서 성공하는 것이 훨씬 더 중요하다.

잊어버릴 수 있는 가장 좋은 방법은 괴로운 기억을 놓아버릴 수 있을 만큼 안전하게 느껴질 때까지 자신의 행동과 환경을 개선시키는 것이다. 과거에 누군가가 당신을 화나게 했다면, 그 사람과 이야기를 나누며 의견의 일치를 보아서 다시는 그런 일이 일어나지 않을 것이라고 확신할 수 있도록 하라.

무엇이 자신을 상처받기 쉽게 하는지를 알아내서 자신의 태도나 행동을 바꾸는 것도 좋은 방법이다. 똑같은 일이 다시 발생하더라도 큰 상처를 받지 않고 잘 이겨낼 수 있다는 사실을 안다면, 당신은 용서할 수 있을 뿐 아니라 잊을 수 있을 것이다.

> 더 이상 비난할 필요가 없어질 때
> 우리는 용서한다.
> 더 이상 기억할 필요가 없어질 때
> 우리는 잊는다.

- 용서하지 않고 잊어버리지 않는 것이 자신에게 어떤 대가를 치르게 하는지 스스로에게 물어보아라.

- 상대가 무엇을 잘못했는지, 그리고 앞으로 같은 상처를 입지 않으려면 그 사람이 당신에게 어떻게 해야 하는지를 생각해보라.

- 그 문제를 해결하는 데 있어서 자기 자신이 어떤 역할을 할 수 있는지 생각해보라.

- 같은 일이 다시 발생하지 않게 하려면 어떤 태도를 지녀야 하는지 판단하라.

- 자꾸 뒤를 돌아보지 말고 앞을 보고 나아가라. 더 만족스러운 미래를 만들 수 있다면 과거를 잊기가 더 쉬워질 것이다.

09

남들에게 보답할 필요는 없다고 생각한다

"친구에게서 돈을 빌리기 전에는 돈과 친구 가운데 어느 것이 당신에게 더 필요한지 판단하라." _애디슨 H. 할록

힐러리는 대학원을 졸업하고 심리치료사가 되기를 무척이나 원했다. 그러나 학비가 부족했다. 그래서 그녀는 3년간 휴학을 하고 회계 사무실에서 일을 하면서 들을 수 있는 수업은 모두 들었다. 그러던 그녀에게 행운이 찾아왔다. 그녀의 언니와 오빠가 사업에서 성공하여 그녀의 학비를 대주기로 한 것이다. "공부 마치고 성공하기만 해. 우리가 원하는 건 그것밖에 없어." 언니와 오빠는 말했다.

표면적으로 그들의 말은 진심이었다. 그들은 힐러리에게서 나중에 돈을 돌려받을 것을 기대하지 않았다. 하지만 머지않아 힐러리는 자신이 그보다 더 미묘한 빚을 지게 되었음을 알게 되었다. 갑자기 그녀는 가족 행사에 참여하기 위해 국토를 횡단하여 가야 했다. 그리고 그 자리에서는 기회가 있을 때마다 자신이 얼마나 언니와 오빠에게 고마워

하고 있는지를 언급해야 했다. 심리치료사 훈련이 진행되는 동안, 그녀의 언니와 오빠는 정기적으로 그녀에게 전화를 걸어 자녀들과 배우자의 문제점에 대해 의논했다. 그렇게 힐러리로 하여금 남들 앞에서 고맙다는 표현을 하도록 함으로써, 그리고 무료로 상담을 받음으로써, 그들은 자신이 힐러리에게 쓴 돈에 대해 보상을 받으려 했다. 그들은 관대하긴 했지만, 완전히 이타적이지는 않았던 것이다. "언니 오빠가 나에게서 무엇을 기대할지를 미리 알았다면, 나는 차라리 은행에서 대출을 받았을 거예요." 힐러리의 말이다.

이 일을 통해 힐러리는 "세상에 공짜란 없다"라는 진실을 깨닫게 되었다. 의식적으로든 무의식적으로든 거의 모든 사람들은 자신이 남에게 베푼 것과 남이 자신에게 베풀어준 것을 계산하며, 자신이 적게 받는 것에 대해서 민감하다. 물론 두 사람이 똑같이 주고받는 것이 가능할 수도 있다. 예를 들어 누군가에게 생일선물을 해준 경우, 자신의 생일에 그 사람으로부터 같은 값에 해당하는 선물을 받기를 기대하는 것이다.

때로는 베풀어준 사람 쪽에서 미묘한 대가를 바라는 경우도 있다. 상대가 감사하는 마음을 지나치게 표현해 오기를 바라거나 행동을 변화시키기를 바라는 것이 그런 경우이다. 그런 경우 우리는 혼란을 느끼게 되고, 배신을 당하거나 이용당했다고 느끼게 된다. 그런 일을 자주 겪으면 우리는 냉소적이 될 수 있고, '나한테 호의를 베풀지 말아요'와 같은 경직된 태도를 갖게 될 수 있다.

그런데 왜 우리는 우리에게 무언가를 해준 사람이 그 보답으로 아무것도 원하지 않을 거라고 믿고 싶어하는 것일까? 그것은 무조건적인 사랑을 받고 싶은 욕망 때문이다. 우리는 어린아이 때처럼 단지 우리가 존재한다는 사실만으로 남들로부터 무언가를 받고 싶어한다. 그러나 우리가 어른이 되기 시작하면서 사람들은 우리에게 대가로 무언가를 요구하기 시작했다. 사람들이 우리에게 무언가를 주면서 그 대가로 아무것도 바라지 않는다고 하면 (사실 대개의 경우 예의상 그러는 것에 불과하다) 우리는 특별하고 소중한 존재로 여겨진다는 어린애 같은 기분을 느끼게 된다. 따라서 우리가 그 말을 믿고 싶어하는 것은 이상할 것 없는 일이다. 그렇기 때문에 상대가 우리에게 뭔가를 베풀 때는 그 보답으로 뭔가를 바란다는 사실을 알게 되면, 배신당한 기분을 느끼고 화가 난다. 뿐만 아니라 어린애 같은 마음을 가졌다는 사실에 스스로를 바보같이 느끼게 된다.

누군가가 당신에게 관용을 베풀면 당신은 알지도 못하는 사이에 그에게 빚을 지게 되는 것인지 모른다. 그리고 그 빚을 갚지 못한다면 당신은 알지 못하는 이유로 벌을 받게 될 것이다. 이런 상황을 피하기 위해서는 늘 상대에게 빚을 갚아야 한다고 생각하는 것이 좋다. 당신에게 무언가를 베푼 사람에게 이렇게 말함으로써 그런 마음가짐을 확인할 수 있다. "언젠가 저도 당신에게 똑같은 호의를 베풀 수 있게 되기를 바랍니다." 비록 상대방이 보답으로 원하는 것은 아무것도 없다고 말하더라도, 어떤 것으로 보답을 할 수 있을지를 상상해보고, 보답을 할 준비를 하라. 일반적으로, 보답을 가볍게 하려고 생각하기보다는 단단히 하려고 생각하는 것이 안전하다. 그렇지 않으면 당신은 분명 빚을 갚았다고 생각하지만 상대방은 그렇게 느끼지 않을 수 있다.

상대가 어떤 행동을 해올 때면 그 행동이 선물인지, 호의를 베푸는 것인지, 아니면 빌려주는 마음으로 하는 것인지를 판단하라. 선물과

호의, 빌려준 것에는 각기 다른 의무가 따른다. 선물에 대해서는 적어도 고맙다는 인사를 해야 한다. 호의에 대해서는 당신이 상대방과 같은 위치가 되었을 때 상대에게 비슷한 호의를 베풀어야 한다. 빌려준 것인 경우에는 같은 것으로 갚아야 한다.

　당신이 주는 위치에 있는 경우에도 그 세 가지의 구별은 똑같이 중요하다. 다른 사람들에게 무언가를 주거나 해줄 때, 보답으로 그에게서 원하는 것은 아무것도 없다고 생각하면서 스스로를 속이지 마라. 자신이 진정으로 기대하는 것이 무엇인지 명확히 알지 못하면 당신은 스스로를 희생자로 느끼게 되고 상대방과의 관계를 위험하게 만들 수 있다. 상대방에게 신뢰와 애정을 주지 않으려 할 수도 있는데, 그런 경우, 당신도 상대방도 어쩌다 상황이 그렇게 되었는지 알 수 없을 것이다.

> 무언가를 받을 때는 반드시
> 조건이 따른다는 사실을 기억하라.

- 사람들이 무언가를 베풀 때는 보답으로 무언가를 받으리라는 기대를 한다고 생각하라. 그리고 그런 사실 때문에 기분 상할 필요는 없다.

- 상대방의 행동이 선물인지, 호의인지, 빌려주는 것인지 판단하라.

- 상대방의 행동이 선물이라면 감사의 마음을 반드시 표현하라. 기회를 봐서 선물을 하거나 친절을 베푸는 것도 좋다.

- 상대방의 행동이 호의를 베푼 것이라면, 상대방에게도 언젠가 호의를 베풀어야 한다는 것을 기억하라.

- 상대방의 행동이 빌려주는 의미를 지닌 것이라면, 언제, 어떻게, 무엇을 가지고 그 행동을 갚을 생각인지를 상대방에게 명확하게 말하라.

10

미래에 대한 두려움 때문에 지나치게 안전을 추구한다

"오랫동안 육지를 보지 못하리라는 데 동의하지 않으면
새로운 육지를 발견할 수 없다." _앙드레 지드

공업이나 산업과는 거리가 먼 시골 문화에서 자란 한 남자가 난생 처음 뉴욕시에 왔을 때였다. 뉴욕의 인상이 어떠냐는 질문을 받자 그는 애석하다는 듯이, 길에서 만난 사람들이 모두 땅바닥을 보고 걸어가고 있더라고 말했다. "하늘을 보고 다니는 사람들이 없더군요."

그의 관찰은 위험을 무릅쓰지 않을 때 (상황을 운에 맡기지 않을 때) 우리가 무엇을 놓치는지를 잘 포착한 것이다. '당신이 가고 있는 쪽을 잘 보세요'라는 말은 우리가 맨해튼 거리를 걷고 있거나 고속도로를 달리고 있을 때라면 의미가 있다. 그 말은 장애물을 조심하라는 이야기이므로 그런 경우에는 훌륭한 조언이 되는 것이다. 하지만 그 말을 인생을 살아가는 원칙으로 삼는 것은 좋지 않다. 지나치게 몸을 사리며 살게 되기 때문이다. 속도를 너무 늦추다가는 오히려 방향감각을 잃어버릴 수도 있다. 물론, 안전을 기하는 것이 나중에 후회하는 것보다 나은 경우도 있다. 하지만 항상 조심스럽게 안전만을 추구한다면 나중에 후회하게 될 것이다.

조나단은 무척 성공한 30대 후반의 소프트웨어 디자이너였다. 겉으로 보기에 그는 이상적인 삶을 살고 있었다. 비벌리 힐즈에 큰 저택을 갖고 있었고, 아름답고 성공한 아내가 있었으며, 자부심을 느끼게 하는 두 아이가 있었고, 권위 있는 상을 수상하기도 했다. 또한 그는 엄청난 액수의 연봉을 받았다. 하지만 조나단은 행복하지 않았다. 14년 전에 그는 혁신적인 아이디어를 내놓아 실리콘 밸리를 깜짝 놀라게 했었다. 그가 초기에 개발한 상품들이 큰 성공을 거둔 후, 그는 큰 기업과 장기 계약을 체결했다. 그리고 그 회사에 정착하여 한 부서를 이끌며 멋진 ─하지만 안전한─상품들을 만들어냈다. 그는 소비자들과 주주들이 원하는 것을 내놓는 방법을 알고 있었다. 하지만 더 이상 처음처럼 대담하고 용감하지 못했다. 그런 사실이 그를 괴롭혔다. "나는 창의력을 잃었어요." 그는 애석함이 가득한 목소리로 말했다. "예전에 난 몽상가였는데, 이젠 숫자에 좌우되는 사람일 뿐이에요."

> "환상의 빛은 어디로 사라졌는가?
> 지금 어디 있는가, 그 영광과 꿈은?"
> ─ 윌리엄 워즈워드

조나단은 지금 자신이 어디로 가고 있는지는 잘 볼 수 있었다. 하지만 그는 그곳이 아니라 자신이 바라보던 곳으로 가고 싶었다.

자신이 가고 있는 곳을 바라보며 갈 때는 두려움이 앞으로 나아가는 동기가 된다. 한편, 자신이 바라보는 곳으로 갈 때는 욕망과 확신, 비전이 우리를 이끈다. 어떤 장애물을 만나더라도 이겨낼 수 있다는 확신이 있다면 항상 길바닥만을 보며 가지 않아도 될 것이다. 그 대신 목표를 바라보면서 성큼 성큼 나아갈 수 있을 것이다.

안전을 택하느냐 모험을 하느냐 하는 성향은 어떤 어린시절을 보냈느냐와 관련이 있다. 아이들은 모두 기본적으로 모험심이 있고 호기심이 많다. 아이가 상처를 받거나 아이가 하는 일이 잘 되어가지 않을 때, 그 아이의 부모가 "그런 행동은 다시는 하지 마!" 하면서 화를 내거나 "다시는 그러지 마. 또 그러면 또 다칠 거야"라고 겁을 준다면, 그 아이는 어른이 되었을 때 안전을 택하게 될 확률이 높다. 뭔가 위험한 일을 하지 않겠느냐는 유혹을 받으면 어린시절의 기억이 그들의 귀에 대고 이렇게 속삭일 것이다. "후회할 거야…" 한편, 아이의 부모가 "돌아가서 다시 한 번 해봐"라고 말했다면, 아이는 어른이 되어서도 꿈을 이루기 위해 모험을 할 수 있게 될 것이다.

> "매일 매일 두려움을 극복하지 않는 사람은 인생의 교훈을 얻을 수 없다."
> _ 랄프 왈도 에머슨

위험을 무릅쓰고 모험을 하는 것을 편안하게 느끼는 사람들은 성장을 위한 최선의 방법은 자신의 능력 이상으로 시도해보는 것이라는 사실을 알고 있는 사람들이다. 그들의 방향감각은 가슴으로부터 나온다.

그들은 놀라운 일을 피하지 않는다. 오히려 놀라운 일을 찾아 나선다. 그래서 그들은 세상을 떠날 때도 후회하는 일이 거의 없다. 인생의 마지막에 우리는 우리가 했던 일을 후회하기보다는 하지 않았던 일에 대해 후회하게 될 테니.

〈골프 경기의 내면(The Inner Game of Golf)〉의 저자인 내 친구 티모시 골웨이는 자신이 가르치던 사람들에게 골프공을 쳐서 구멍에 넣는 연습을 할 때는 눈을 감으라고 했다. 그렇게 하면 본능에 따라 공을 치게 되기 때문에 좀더 부드럽게 공을 칠 수 있다고 했다. 그것이 본질적으로 인생의 방향을 바꾸고 싶어하는 사람들에게 내가 해주는 이야기이다. 눈을 감고 내면의 비전을 느끼면서 그것이 이끄는 곳으로 가는 것이다. 그러면 때에 따라 발을 헛디딜 수도 있겠지만, 인생을 훨씬 풍부하게 경험할 수 있을 것이다. 그리고 발끝만 보지 않고 저 높은 하늘을 볼 수 있을 것이다.

> 당신이 가고 있는 방향을 보지 말고
> 당신이 바라보는 방향으로 가라.

- 인생에서 낙천적이며 꿈을 가졌던 때의 자신의 모습을 떠올려라.

- 그때의 자신이 되어 현재의 자신의 모습을 비판적으로 바라보라. 자신의 꿈에 충실하게 살아가고 있다고 생각되는가?

- 자신이 이루지 못한 꿈들 가운데 아직도 의미가 있는 꿈은 어떤 것인가?

- 꿈을 이루어가는 궤도에 다시 올라서기 위해서 지금 당신이 할 수 있는 일이 무엇인지 스스로에게 물어보라. 혹은, 한때 당신이 꿈꾸었던 기분이나 경험을 구현할 수 있는 새로운 비전이 있는가?

- 다음의 문장을 완성해보자. "지금 당장 내 삶을 바꿀 수 있다면 나는 _____을(를) 할 것이다."

- 두려움을 기회로 바꾸도록 하라. ('일본의 베이브 루스'인 사다하라 오에게 어떻게 그렇게 많은 홈런을 칠 수 있었느냐고 묻자, 그는 상대편 투수를 적이라고 생각하지 않고, 자신이 더 훌륭한 타자가 될 수 있도록 도와주는 파트너라고 생각했다고 대답했다.)

11

내가 항상 옳아야 한다고 생각한다

"인생을 거의 살고 난 다음에야 나는
'몰라요!'라고 말하는 것이 얼마나 쉬운 일인지를 알게 되었다." _서머셋 모옴

"자신이 의심할 여지없이 옳다고 확신할 때보다
인간이 더 불안한 때는 없을 것이다." _로렌스 반 더 포스트

한 커뮤니케이션 전문가가 다음과 같은 분석을 했다. "아는 척을 하면서도 정작 자기가 무슨 말을 하는지도 모르는 사람은 얼간이다. 그러나 아는 척을 하면서 자기가 무슨 말을 하는지 아는 사람은 개자식이다." 자신이 무슨 이야기를 하고 있는지를 알든 모르든, 남들 앞에서 아는 체를 하는 것은 스스로를 망치는 행동이다.

한 잡지사의 부편집장이었던 탐은 인생이 내리막길을 걷기 시작할 때 나를 찾아왔다. 그는 자신이 열망하던 승진에서 제외되었는데, 그의 상사들은 그가 사람들과 잘 어울리지 못하는 것을 그 이유로 들었다. 그늘은 탐이 늘 말로써 사람들을 누르려 한다고 했다. 이어서 아내가 이혼을 요구해왔다. 아내는 그를 '자신이 항상 옳다고 생각하는 개자식'이라고 불렀다.

탐은 알코올중독인 부모 밑에서 자랐는데, 그의 부모는 자주 이성을 잃었다. 덕분에 그는 어렸을 때 자신이 무언가 잘못되었다는 느낌을 갖고 자랐다. 그리고 어른이 된 후에는 두 가지 욕구가 그의 인간관계를 지배했다. 하나는 항상 자신이 옳다는 것을 보여야 하는 것이고, 다른 하나는 자신이 항상 대화를 지배해야 하는 것이었다. 탐과 처음 만났을 때 나는 그와 대화를 하거나 적어도 의논을 해보려고 했다. 하지만 대화는 늘 논쟁으로 변해버리고 말았다. 그래서 나는 다른 전략을 택하기로 했다. 그에게 마음대로 말할 수 있는 전권을 준 것이다. 몇 번의 만남 이후 그는 나에게 왜 자신이 말하는 동안 끼어들지 않느냐고 물었다. "당신이 할 얘기가 많은 것 같아서요." 내가 대답했다. 잠시 당황하더니 그는 호전적인 태도를 보이려다 이내 머리를 숙이고는 중얼거렸다. "제가 누굴 속이겠어요."

그의 이야기를 귀 기울여 듣되 도전은 하지 않음으로써 나는 그의 아는 체하는 태도가 불러일으킬 수밖에 없는 것, 즉 '대립'을 피할 수 있었다. 탐은 상황을 뒤흔든 뒤에 자신이 그 상황을 지배해야 직성이 풀리는 사람이었다. 그러나 사실 그는 마음이 약한 사람이었기에 자신이 사랑하고 존경하는 사람들이 자신을 거만하고 독선적이며 무례한 사람이라고 생각한다는 사실을 알자 무척 괴로워했다. 그러나 이제 그는 최악의 상황을 겪어보았기 때문에 자신을 좀더 솔직하게 바라볼 수 있게 되었다.

"자신이 잘못했었다고
인정하는 것을 부끄러워해서는 안 된다.

그것은 자신이 어제보다
오늘 더 현명해졌다는 뜻이기 때문이다."

_ 알렉산더 포프

탐이 알게 된 사실은 바로 다음과 같은 것이었다. 항상 자신이 옳아야 직성이 풀리는 사람들 대부분과 마찬가지로 탐의 그런 행동은 스스로를 방어하기 위한 것이었다는 사실이다. 마음 깊은 곳에서 그는 이 세상이 자신에게 이렇게 말하고 있다고 믿었다. "너는 네가 무슨 얘기를 하고 있는지 몰라!" 그는 자신이 옳다는 것을 보이기 위해 애쓰기보다는 자신이 틀리지 않다는 것을 보이기 위해 애썼던 것이다. 하지만 그가 지나치게 대립하는 듯한 태도를 취했기 때문에 방어적이라기보다는 공격적이라고 보였던 것이고, 다른 사람들이 그의 의견에 동의하거나 복종하기를 기대하는 듯 보였던 것이다. 다시 말해 그의 메시지는 단순히 "나는 틀리지 않아"가 아니라 "당신이 틀렸어"로 들렸던 것이다.

공격을 받지 않을 때도 방어적으로 행동한다면, 상대방은 당신에게서 공격을 받는 것처럼 느낄 것이다. 단호한 의견을 가지고 있지만 자기 고집만 내세우면서 쉽게 화를 낸다면 설득력 있는 사람으로 호감을 사지 못할 것이다. 일을 하는 상황에서 다행히 당신이 뛰어나게 똑똑하고, 재능 있고, 생산성이 높다면 사람들은 그런 당신의 행동을 참을 것이다. 하지만 당신이 실수를 한다면 그냥 넘어가지 않을 것이고, 도와주려 하지 않을 것이다. 당신은 남들로부터 도움을 받을 마음이 없을 거라고 생각하거나, 당신이 무너지는 모습을 보고 싶어할 것이기 때문이다.

탐은 다행히 그런 교훈을 얻었지만, 아는 체를 하는 사람들 중 많은 수는 이런 교훈을 얻지 못한다. 자신이 항상 옳다고 생각한다면 새로운 것을 배울 수 없다. 자신이 모든 것을 안다고 생각하는 사람이 뭔가를 배우려 할 리 없기 때문이다. 자신이 항상 옳아야 한다고 생각하는 태도는 옳지 않을 뿐 아니라 공정하지도 않으며, 사실 불가능한 것이다. 그런 태도는 힘과 존경을 얻게 하는 것이 아니라 경멸을 얻게 할 뿐이다. 한편, 가끔 틀리다고 해서 자신의 가치가 떨어지는 것은 아니다. 그런 모습은 오히려 당신을 더욱 인간적이고 가까이하기 쉬운 사람으로 느끼게 해줄 것이다.

> 자신이 항상 옳다고 생각하면
> 새로운 것을 배울 수 없고
> 남들로부터 경멸을 받게 될 것이다.

- 당신이 옳다는 것을 보여야 할 때가 온다면, 다른 사람들에게 상처를 주고 다른 사람들을 화나게 해도 좋을 만큼 이기는 것이 중요한지 생각해보라.

- 당신의 행동에 대한 다른 사람들의 반응과 태도를 살펴라. 당신이 모든 것을 다 아는 사람처럼 행동한다면, 상대방은 맞서서 공격을 해오거나, 방어도 할 수 없는 약한 모습을 보일 것이다. 그리고 결국 당신을 피할 것이다.

- 자신이 틀리지 않았다는 것을 증명할 때는 다른 사람들로 하여금 그들이 틀렸다고 느끼게 만들지 마라.

- 다른 사람들의 의견과 견해도 가치가 있음을 인정하라.

- 누군가의 기분을 상하게 했다면 당신이 잘못했음을 인정하라. 그것이 그 사람과의 관계를 회복할 수 있는 최선의 방법이다.

- 자신이 옳지 않다면 기분이 어떨지를 생각해보라. 그 기분을 이겨낼 수 있겠는가? 그렇게 할 수 있으면 당신은 사람들로부터 멀어지지 않을 수 있을 것이다.

- 모든 것을 아는 사람처럼 행동하는 대신 모든 것을 알려고 노력하라. 다른 사람들의 견해를 비롯하여 특정 상황에서 고려해야 하는 모든 것을 놓치지 마라.

12

상대방이 잘못하는 일에만 초점을 맞춘다

"조금만 더 친절해지기를, 조금만 더 못 본 체하기를, 내 주변 사람들의 실수와 잘못에 대해 조금 더 많이 칭찬할 수 있기를." _에드가 A. 게스트

"사람은 다른 누군가의 성격을 묘사할 때만큼 상세히 자기 자신의 성격을 묘사하지는 못한다." _장 뽈 리쉬떼

"왜 항상 나만 애를 써야 해? 당신은 아무것도 안 하잖아!"
"뭐야? 일이 돌아가게 하는 사람은 나야! 당신이 뭘 했다고 그래!"
커플을 상담하다 보면 듣게 되는 전형적인 말들이다. 관계에 있어서 마찰을 줄이기 위해 우리들 대부분은 파트너를 만족시킬 수 있는 일들을 기꺼이 하려 애쓴다. 예를 들어 짜증나는 습관을 없애려 애쓴다거나, 집안일을 돕는다거나, 성격을 좀 죽인다거나. 그런 변화를 이루려면 상당한 노력이 필요하다. 하지만 우리는 대개 그런 노력을 한다— 파트너도 우리처럼 노력을 한다고 생각되는 경우에. 하지만 파트너가 마찬가지의 노력을 하지 않는다면 우리는 화가 날 것이고 노력을 덜하게 될 것이다.

그러나 불행히도 우리는 상대가 우리의 관계를 개선시키기 위해 행

하는 노력에 초점을 맞추는 대신, 그들이 잘못하는 것이나 그들이 하지 않는 일에 대해 초점을 맞춘다. 그러면 당연히 상대방도 마찬가지 태도로 우리를 보게 된다. 그리고 그런 분노의 사이클이 계속되다 보면 두 사람은 서로에 대해 고마운 마음을 갖지 않게 되고, 둘 중 어느 누구도 관계를 개선하려는 노력을 하지 않게 된다.

> "우리 자신에게 결점이나 잘못이 전혀 없다면
> 다른 사람들의 결점이나 잘못을 보고
> 그렇게 기뻐하지 않을 것이다."
>
> _ 프랑수아 뒤 드 라 로쉐푸코

　다른 여러 커플들과 마찬가지로 로스와 낸시 부부도 돈 문제로 말다툼을 하곤 했다. 가난한 가정에서 자랐으며 스스로 열심히 일을 해서 중산층으로 올라온 로스는 아내가 앞뒤를 가리지 않고 돈을 쓴다고 비난했다. 사업이 부진하여 압박을 느끼고 있던 로스는 낸시가 지출을 할 때마다 그 내역에 대해 질문을 했고, 낭비를 했다고 생각될 때면 몹시 화를 냈다. 부유한 가정에서 자란 프리랜스 사진작가인 낸시는 그런 남편을 구두쇠라고 생각했고, 남편이 가족과 즐겁게 살기보다는 돈을 모으는 데만 급급하다고 생각했다. 그리고 남편이 자신의 판단을 믿지 못한다는 사실에 상처를 받았다.
　그런 문제가 있었지만, 다행히 두 사람은 결혼생활을 지키기 위해 노력할 마음의 자세가 되어 있었다. 로스는 성질을 죽이고 아내가 돈을 쓰는 데 대해 간섭을 하지 않으려고 노력했다. 그리고 낸시는 필요한 것만을 사기 위해 최선을 다했다. 하지만 두 사람은 상대방이 그런 노력을 하고 있음을 알아보지 못했다. "남편은 아무런 노력도 안 해요." 낸시가 말했다. "내가? 난 우리가 상담을 받기 시작한 이후로 계속 노력을 해왔어. 당신이야말로 전혀 변하는 것 같지가 않아!" 로스가 항변했다.

우리는 왜 상대방의 노력을 알아보지 못하는 것일까? 한 가지 이유는 그런 노력에 대해서는 점수를 매기기가 어렵기 때문이다. 예를 들어 남편이 밤에 간식을 먹고 설거지를 하는 것을 깜빡한다면, 아침에 싱크대에는 증거가 남아 있을 것이다. 하지만 남편이 설거지를 한다면, 아내는 무슨 일이 있었는지 알 수 없다. 그와 같이 규칙을 위반하는 것은 눈에 잘 띈다. 뿐만 아니라 우리는 상대방이 규칙을 위반하지 않는지 주시한다. 상대의 규칙 위반은 우리의 목적에 도움이 되기 때문이다. 즉, 우리 자신이 노력을 덜 해도 되는 구실이 되어주는 것이다. 또한 상대의 규칙 위반은 우리가 화를 내는 것을 정당화해준다. 오랜 시간 계속되는 관계에서는 시간이 가면서 서서히 화가 쌓이기 때문에, 때로는 즉각적인 이유 없이 화가 나기도 한다. 아무 이유 없이 화를 낸다는 것은 불편한 일이므로 우리는 화를 내게 할 만한 증거를 찾는다. 마치 탐정이 자신의 의심을 정당화시킬 단서를 찾기 위해 애쓰는 것처럼. 그러나 불행히도 상대의 잘못을 찾아내는 일은 우리를 화나게 할 뿐 아니라 상대방의 노력을 제대로 알아볼 수 없게 만든다.

"수시로 칭찬을 하라.
사람들은 자신을 칭찬하는 사람들을 칭찬하고 싶어하기 때문이다."
_ 버나드 바루치

자기 자신의 노력뿐 아니라 상대방의 노력에 초점을 맞춰볼 수 있다면 관계를 개선해나가기가 훨씬 쉬워진다. 커플이 그런 노력을 하는 데 도움을 주기 위해서 나는 다음의 질문들을 던졌다. 아래의 질문들에 답을 하다 보면, 상대방의 노력을 인정할 수 있게 될 것이다.

- 파트너가 두 사람의 관계를 개선시키기 위해 어떤 노력을 하는 것을 보았습니까?
- 파트너가 당신 대신에 어떤 일을 한 경우를 생각해낼 수 있습니까?
- 파트너가 자신이 원하지 않는 일인데도 당신을 기쁘게 하기 위해 어떤 일을 한 적이 있습니까?
- 파트너가 당신이 좋아하지 않는 말을 참은 적이 있습니까?
- 파트너가 당신이 참을 수 없는 일을 할 수도 있었을 상황에서 자제를 한 적이 있습니까?
- 파트너가 당신이 불평했던 습관이나 행동을 바꾸기 위해 노력을 한 적이 있습니까?

상대방의 노력을 인정해가는 과정에 도움을 주기 위해 나는 또한 커플에게 각자 구체적인 노력을 할 것을 요구했다. 예를 들어 앞서 말한 로스와 낸시 부부의 경우, 아내 낸시는 50달러가 넘는 물건을 사기 전에는 항상 남편 로스와 의논을 하기로 약속했다. 한편 로스는 화를 컨트롤하며 재정 상태가 어떤지를 아내에게 정확히 알려주도록 했다. 이런 방식을 통해 두 사람은 상대방이 어떤 노력을 하는지를 알 수 있었다.

관계를 개선하기 위해 노력한다는 것은 두 사람 모두에게 가장 도움이 되는 일을 한다는 것을 의미한다. 그 일이 자연스럽게 이루어지는 것이 아니라 하더라도 말이다. 그런 노력을 계속하기 위해서는 파트너도 우리만큼 열심히 노력하고 있다는 것을 알아야 한다. 결국 중요한 것은 우리가 서로에게 어떤 행동을 하느냐가 아니라, 서로를 위해, 그리고 서로를 가지고 어떤 행동을 하느냐인 것이다.

> 진심으로 관계를 개선시키고 싶다면
> 자신의 노력만을 볼 것이 아니라
> 상대가 어떤 노력을 하고 있는지를 보라.

- 상대가 자신의 몫을 하지 않고 있다고 생각될 때 화를 내거나 상대의 잘못을 찾고 있는 것이 당신 자신이나 두 사람의 관계에 도움이 되는지를 자문하라.

- 3A(awareness, appreciation, acknowledgment)를 연습하라.
  - Awareness(인식) : 상대가 노력을 하고 있음을 인식하도록 하라. 상대가 관계를 개선시키기 위해 행하는 사소한 일들을 알아보도록 노력하라.
  - Appreciation(인정) : 상대가 그런 노력을 하려면 희생과 타협이 필요했을 것임을 인정하고, 상대가 그만큼 당신을 사랑하고 있음을 인정하라.
  - Acknowledgment(감사) : 상대가 관계를 개선하는 데 기여한 것에 감사하라. 감사하는 마음을 속으로만 품고 있지 말고 상대에게 표현하라.

- 3A를 이용해서 상대의 행동을 관찰하다 보면 상대의 행동이 변하고 있음을 알 수 있을 것이다. 때로 사람들은 자신이 제대로 인정받지 못한다고 느끼기 때문에 상대방이 좋아하지 않는 행동을 하는 것이다.

- 여전히 상대가 노력을 하지 않는다고 느껴지면, 당신의 그런 생각이 공정하고 합리적인지 자문하라.

- 당신의 생각이 공정하고 합리적이라면, 비판적이지 않은 태도로 당신이 느끼는 상처와 실망감을 상대에게 표현하라.

- 상대가 어떻게 변화했으면 좋겠는지를 상대에게 말하라. 그런 변화가 공정하고 합리적이라고 생각하는지, 그런 변화를 위해 노력할 의사가 있는지 물어보라.

- 상대방의 입장에서 당신이 달라졌으면 하고 바라는 점이 있는지 물어보라.

13

상대방이 약속을 어겨도 참는다

"요술을 부리는 이 악마들을 더 이상 믿지 마라.
그들은 음흉한 의도로 우리와 흥정을 한다.
그리고 우리의 귀에 대고 약속을 하고는 우리의 가슴에 대고
그 약속을 무참히 깨어버린다." _셰익스피어

"우리는 희망을 따라 약속을 하고
두려움을 따라 그 약속을 실행에 옮긴다." _프랑수아 뒤 드 라 로쉐푸코

깨어진 약속은 파괴적이다. 그것은 우리의 가장 깊은 열망 가운데 하나인 '다른 사람들을 믿고 싶다'는 열망과 정면으로 충돌하기 때문이다. 우리는 무기력한 어린아이처럼 안전하다고 느끼기 위해서는 우리를 돌봐주는 사람을 신뢰할 필요가 있다. 어른이 된 지금, 깨어진 약속은 어린시절의 상처받은 기억을 일깨우며 우리를 화나게 하고, 불안하게 하고, 때로는 어린아이처럼 토라지게 한다.

깨어진 약속 때문에 우리가 괴로워하고 좌절하는 것은 약속을 깬 사람이 자신의 잘못을 인정하지 않을 때이다. 때로 그들은 자신이 약속을 했다는 사실조차 깨닫지 못하기 때문에 잘못을 인정하지 않는다. 사람들은 스스로 편안해지기 위해서, 혹은 우리의 긴장과 걱정을 덜어주고자 무심코 아무 말이나 하는 경향이 있다. 혹은 더 이기적인 이유

로, 우리가 더 이상 그를 방해하지 못하게 하기 위해 그러기도 한다. 그럴 경우 그들은 우리가 그들의 말을 믿을 거라는 사실을 망각한다. 따라서 사장은 직원들을 안심시키기 위해 승진에 대한 암시를 하고, 부모는 아이들의 입을 막기 위해 디즈니랜드로 놀러가자는 제안을 하며, 남자는 여자친구를 안심시키기 위해 넌지시 결혼을 암시한다. 그들에게는 우선 곤란한 상황에서 벗어나는 것이 그로 인해 발생할지 모를 장기적인 결과보다 우선하는 것이다.

때로 우리는 상대가 한 약속에 대해 책임을 지우지 않음으로써 상대가 약속을 깨는 데 일조하기도 한다. 파문을 일으키지 않기 위하여, 그리고 기본적인 신뢰감을 깨고 싶지 않아서 우리는 상대가 약속을 깨더라도 "실수겠지." 혹은 "깜빡 잊었을 거야"라는 말로 상황을 합리화해 준다. 그렇게 하는 까닭은, 실망이 너무 큰 나머지 자제력을 잃고 겉으로든 혼자 속으로든 화를 낼까 두려워서이다. 친구를 잃거나 불쾌한 상황을 만들고 싶지 않기 때문에 우리는 마음을 진정하고 괜찮다고 말한다. 그리고 다음에 또 그 사람과 약속을 한다.

상습적으로 약속을 어기는 사람을 위해 변명거리를 만들어주는 것은 분명 우리 스스로를 망치는 행동이다. 우리가 얼마나 화가 났는지를 받아들이지 않으면, 혹은 상대가 약속을 어김으로써 우리가 입은 피해를 최소화한다면, 상대는 우리를 실망시키는 일을 아무렇지도 않게 생각하게 될 것이다. 그리고 나중에 우리와 그 사람 사이에 마찰이 일어나면 그는 변명을 할 것이다. 우리가 결국 넘어가줄 거라고 생각하기 때문이다. 아니면 자신이 잘못했다고 인정하지 않고 단지 실수를 했을 뿐이라고 주장할지도 모른다.

상대가 상습적으로 약속을 어기는 사람이라면 그 사람이 또 다른 약속을 해올 경우 우리는 지치는 느낌이 들 것이다. 그런 반응은 우리가 상대의 변명에 지쳤다는 신호이며, 이제는 분명하게 선을 그어야 할 때이다. 첫 번째 단계는 스스로에게 질문을 하는 것이다. "화해를 할 가망이 없을 정도로 상대에게 실망을 했는가? 내 기대치를 낮춰야 할 정도로 이 관계가 중요한가, 아니면 이제 이 관계에서 손을 떼는 게 좋은가?"

관계를 지속하기로 결정을 한다면, 그 사람에게 그가 한 약속에 책임을 지게 만들 준비를 해야 한다. 너무 화가 나서 냉정을 잃기 전에 그렇게 해야 하는데, 위협적이지 않은 방식으로 그 문제를 꺼내야 한다. 적대적인 상황을 만들지 않으면서 자신의 생각을 옹호하는 훌륭한 방법은 '콜롬보의 방어'라는 방식을 사용하는 것이다. 피터 포크가 주연한 유명한 TV 시리즈의 주인공 콜롬보 형사처럼, 몸을 앞으로 약간 굽힌 채 상대와 눈을 마주치지 말고 머리를 긁적이는 것이다. 마치 몹시 당황한 것처럼. 그리고 내가 잘못 생각하고 있는 것인지 모르겠지만 약속이 지켜지지 못한 것 같다고 말하는 것이다. 이것은 민감한 주제를 적대적이지 않은 분위기에서 꺼낼 수 있는 방법으로, 진실을 말하면서도 상대에게 창피를 주지 않는 방법이다.

내가 치료했던 맨디라는 이름의 환자는 위의 방법을 남자친구 탐과의 관계에서 사용했다. 탐은 자신의 일을 끌어들임으로써 두 사람의 관계를 망치곤 했다. 한번은 사막의 온천에서 주말을 보내기로 했던 약속을 취소하면서 탐은 이렇게 말했다. "나중에 꼭 보상해줄게. 내년 봄에는 일이 좀 덜 바빠질 거야. 그때 일주일 동안 하와이에 다녀오자." 약속했던 봄이 지나고 여름이 다가오는데도 여행을 갈 기미가 보이지 않자, 맨디는 몹시 화가 났다. 그녀는 탐이 또 다시 약속을 어기게 놔둘 수 없었다. 하지만 자신이 화를 내면 탐은 스스로를 방어하려 들면서 그녀가 요구하는 게 너무 많다고 하리라는 것을 알고 있었다.

그래서 맨디는 콜롬보의 방어법을 사용했다. 어느 날 밤, 멋진 저녁 식사 후에 그녀는 탐에게 말했다. "있잖아, 어쩌면 내가 잘못 기억하고 있는 건지도 몰라. 하지만 내 기억엔 당신이 이번 봄에 하와이로 여행을 가자고 했던 것 같아. 기억해?"

탐은 맨디가 하고 싶었던 말이 무엇인지 알아들었다. 그녀는 사실 "좋아. 당신은 약속을 했지. 그 약속을 지키지 않는다고 불평하진 않겠어. 난 당신의 기억을 환기시키고 약속을 실행에 옮길 기회를 주려는 것뿐이야"라고 말하고 싶었던 것이다. 맨디가 색다른 방법으로 말을 하자 그는 그녀의 말에 주의를 기울이지 않을 수 없었고, 거짓말을 하는 수밖에는 다른 방도가 없었다. 덕분에 그는 체면을 잃지 않으면서 뒤늦게 약속을 기억해낸 것처럼 행동할 수 있었고, 늦었지만 약속을 지킬 수 있었다.

습관적으로 약속을 어기는 사람들은 보통 약속을 어겨도 괜찮다고 생각한다. 그 사람들이 약속을 어겨도 참고만 있지 않으려면 우리는 그들에게 배신에는 대가가 따른다는 것을 알려야 한다. 그리고 계속해서 그들의 행동을 제어해야 한다. 만일 그들이 우리에게 도전을 해오고 우리가 그에 굴복한다면, 우리는 스스로와의 약속을 깨게 되는 것이다.

약속을 너무 자주 어기는 사람이 있다면 아예 약속을 하지 못하게 하라.

- 누군가가 계속해서 약속을 어긴다면, 다음번에 그가 약속을 할 때는 반드시 그 약속을 지켜야 한다는 책임을 확실하게 지우도록 하라.

- 당신이 기대하는 것을 명확히 밝혀라. "그건 약속처럼 들리는데? 그 약속을 지키지 않는다면 난 상처를 받을 거야. 그 약속을 얼마나 믿어도 될까?"

- 과거에 상대가 약속을 어겼던 일을 들춰내지 마라. 그것은 시간낭비일 뿐더러, 그것 때문에 싸움이 일어날 수도 있다.

- 약속을 지켜야 할 기간을 정해라. "언제 그 약속이 지켜질 것으로 믿으면 될까?" 상대가 기간을 정하지 않으려 들면 당신이 정해주도록 하라. "다음달 1일에 이 약속을 상기시켜줄게."

- 상대가 약속을 지키지 않을 경우, 위협적이지 않은 방식으로 상대의 해명을 요구하라. 재치와 상상력을 동원하여 말하는 것이 상대와 충돌하거나 상대에게 최후통첩을 하는 것보다 효과적이다.

- 그런 절충으로 문제가 해결되지 않는다면, 상대에게 약속을 지키지 않은 결과가 어떤 것인지 알려주어라. 예를 들어, "다른 남자와 데이트를 하겠어." 혹은 "다시는 당신을 믿지 못할 것 같아"라고 말하는 것이다.

- 위와 같은 단계를 따른다면 약속을 어기던 사람도 약속을 지키게 될 것이다. 그럼에도 변화가 없다면 상대는 약속을 지킬 생각이 전혀 없는 사람으로 봐야 한다. (좋은 의도로 부주의하게 약속을 자꾸 하는 사람과 이런 사람은 다르다.) 그런 사람과는 다시는 약속을 하지 않는 게 좋다.

- 남에게 요구하는 사항은 스스로도 지켜야 한다. 사람들이 당신과의 약속을 지키기를 원한다면 당신도 반드시 남들과의 약속을 지켜야 한다. 지킬 수 없는 약속을 하는 것은 다른 사람들로 하여금 약속을 지키지 않게 놔두는 것만큼이나 스스로를 망치는 일이기 때문이다.

14

마음속에 분노와 증오를 품은 채 화해하려 애쓴다

"목소리에 담긴 폭력은 목에서 나오는
'이유 있는' 가래 끓는 소리일 뿐이다." _존 프레데릭 보이스

인간관계 전문가로서 이름을 얻고 얼마 지나지 않아 나는 내 자신의 결혼생활에 문제를 겪게 되었다. 일련의 사소한 사건들 이후 나와 아내의 가슴에는 크나큰 분노가 쌓여서 우리는 서로에게 무척 차갑고 적대적으로 대하고 있었다. 때로 나는 내가 더 이상 아내를 사랑하지 않는 게 아닌지 두렵기도 했다. 그러던 어느 날 밤, 나는 침대에 누워서 생각에 잠겨 있었고, 아내는 내 옆에서 책을 읽고 있었다. 우리 둘 사이의 공기에는 긴장이 감돌고 있었다. 그런 불쾌한 관계가 얼마 동안이나 계속될지 몰라 좌절감을 느끼다가 나는 이제 그만 화해를 해야겠다고 결심했다. 나는 마음에 애정을 품고 아내에게로 고개를 돌렸다. 그리고 아내에게 화해의 손을 내밀려 했다. 그러나 정작 내 입에서 튀어나온 건 선전포고였다.

소리를 지를 뻔한 순간 나는 정신을 차렸다. 그리고 무서운 깨달음 속에서 가만히 몸서리를 쳤다. 나는 아직 아내를 사랑하고 있었지만 동시에 아내를 미워하는 마음을 멈출 수가 없었던 것이다. 무언가 빨리 조치를 취하지 않으면 우리의 결혼생활은 폭발해버리거나 아니면 냉전에 접어들 것이었다. 그러나 우리가 계속 화가 나 있는 한 평화롭게 행동하는 것은 불가능했다. "얘기 좀 해." 내가 말했다.

"할 얘기 없어." 아내가 퉁명스럽게 대답했다.

"얘기해야 돼. 난 두려워. 당신이 미워서 어쩔 줄 모르겠다구." 내가 말했다.

순간 아내는 뭔가가 달라졌음을 깨달았다. 나는 비로소 '그녀 쪽에 대고' 말을 하는 것이 아니라 '그녀에게' 말을 하고 있었던 것이다. "나도 두려워." 아내가 말했다. 이불 아래에서 우리의 손은 서로의 몸을 찾았다. 서로의 몸에 손을 댄 것은 몇 주 만에 처음 있는 일이었다. 그리고 우리는 서로가 절실히 원하는 것에 대해 오랫동안 솔직하게 이야기했다.

그날 이후로 나는 싸우고 있는 커플들에게 내면의 화를 분출하기 전에는 화해하려 해봤자 소용없다는 사실을 이해시키기 위해 노력했다. 마음속에 미움을 품고 있으면서 상대를 사랑하려 애쓴다면 잠시 휴전은 할 수 있을지언정 진정한 평화는 얻을 수 없다. 마음에 증오를 품고 있으면 우리는 상대를 경계하게 된다. 사소한 비판에 대해서도 방어적으로 행동하게 되고, 상대가 한 일이 완전히 절대적으로 긍정적이지는 않은 경우, 과잉반응을 보이게 된다. 그렇게 해서는 친밀한 관계가 얻어지지 않는다. 마음의 바닥에 깔린 부정적인 생각을 다 빼내버린 뒤에야, 그리고 감정적으로 세게 얻어맞은 느낌이 든 뒤에야 다음과 같이 생각할 수 있다. '난 이 사람을 더 이상 미워하기 싫어.' 그러고 나서야 단단하고 견고한 기반 위에서 두 사람의 관계를 새로 쌓아갈 수 있다.

증오는 보통 실망에서 시작된다. 상대에게서 짜증스러운 성격을 발견해감에 따라 우리는 서서히 이렇게 생각하게 된다. '이 사람은 내가 사랑했던 그 사람이 아니야.' 처음에는 상대에게 상처를 주고 싶지 않기 때문에 우리가 느끼는 것을 이야기하기를 망설인다. 하지만 감정을 배출하지 못하면 감정은 우리의 내면에 계속 쌓이게 되고, 마침내 우리가 얼마나 화가 났는지를 인정하면 두 사람의 관계가 지속되지 못할 거라는 두려움에 휩싸이게 된다. 시간이 지남에 따라 실망이 분노가 되고 마침내 분노는 만성적인 증오로 바뀐다.

사람을 미워하면 보통 미움을 받는 사람보다 미워하는 사람에게 더 큰 상처가 남는다. 나는 커플들에게 자주 이렇게 묻곤 한다. "항상 당신 마음대로 하는 것과, 당신 배우자에게 화를 내지 않게 되는 것 사이에서 하나를 선택해야 한다면, 어느 쪽을 선택하시겠습니까?" 그러면 거의 모든 사람들은 이렇게 대답한다. "다시는 화나지 않는 거요."

마음 깊은 곳에서 우리들 대부분은 누군가에게 증오를 느끼는 것이 우리 마음대로 하지 못하는 것보다 더 고통스러운 일이라는 것을 알고 있다. 한 남편이 말했던 것처럼 "내가 내 아내보다 더 미워하는 유일한 것은 아내를 미워하는 일입니다."

> "주먹을 꽉 쥔 손과는 악수를 할 수 없다."
>
> _ 인디라 간디

인생을 마칠 때가 되었을 때 자신이 사람들을 사랑하기보다는 미워하며 살아왔다는 사실을 깨닫는 것보다 더 불행한 운명이 있을까? 냉전을 끝내고 싶다면, 증오를 뚫고 나와야 한다. 다행히도 증오는 사랑을 잃는 것보다 극복하기 쉽다. 사랑이 소멸해버리고 나면 의지로 사랑을 되살릴 수는 없다. 하지만 사랑이 증오의 구름에 가려 있는 것이라면, 구름이 흩어진 뒤에 그 사랑은 다시 빛날 수 있다.

> 관계는 더 이상 사랑하지 않아서
> 끝나는 것이 아니라 계속해서
> 서로를 미워하기 때문에 끝난다.

- 불쾌한 감정을 마주하는 것을 두려워하는 대신, 마음속에서 그 감정에게 환상 속의 삶을 주어보라. 자신의 감정에 어울리는 증오와 복수심에 가득 찬 행동을 상상하고 마음속에서 그 행동을 가지고 노는 것이다. 이렇게 하면 자제심을 되찾는 데 도움이 될 것이다.

- 상대방에게 당신의 감정을 이야기하라. 표면적으로 느끼는 증오에서부터 시작하여 적대감의 바닥에 깔려 있는 상처받기 쉬운 부분에 이를 때까지 계속해서 이야기하라. 감정은 여러 겹으로 이루어져 있다. 증오의 아래에는 대개 화가 있고, 화 아래에는 좌절감이 있다. 좌절감 아래에는 상처가 있고, 상처 아래에는 두려움이 있다. 계속해서 자신의 감정을 표현한다면 일반적으로 이와 같은 순서로 감정이 옮겨갈 것이다. "난 당신이 미워"에서 시작한 이야기는 마침내 "난 두려워. 난 당신을 잃고 싶지 않아. 그런데 어떡해야 할지 모르겠어"로 끝을 맺게 된다.

- 증오에서 시작해서 상처와 두려움까지 이야기를 하고 나면 당신은 새롭게 시작할 수 있는 기반을 마련한 것이다. 그 기반을 강화하기 위해서는 다음의 연습을 해보자.

a. 두 사람이 자기 자신의 성격적 결함을 한 가지씩 이야기한다. 겸손한 마음을 갖게 되면 독선에서 벗어날 수 있다.
b. 상대방이 갖고 있는 성격 가운데 자신이 동경하는 것을 이야기한다. 동경하는 마음이 분노를 해소할 수 있다.
c. 상대방이 했던 일 중 한 가지에 대해 감사의 마음을 표현한다. 감사하는 마음이 분노를 해소할 수 있다.
d. 자신이 상대에게 상처를 입혔던 일에 대해 변명하지 말고 사과를 한다. 후회하는 마음이 상처를 치유할 수 있다.

두 사람은 이제 상대방이 했던 일이나 하지 않았던 일 가운데 자신에게 상처를 입히거나 자신을 화나게 했던 일이 무엇인지 이야기할 수 있을 것이다.

15

실수로부터 배우려 하지 않는다

"경험이란 모든 사람이 자신의
실수에 대해 붙여준 이름이다." _오스카 와일드

"당신이 자신의 실수로부터 배우지 않는다면
다른 사람이 당신의 실수로부터 배울 것이다." _무명씨

경험이 우리에게 가르치려는 교훈을 배우지 않을 때 우리는 스스로를 망치는 행동을 하게 된다. 오래 전에 방송되었던 시트콤의 한 에피소드가 떠오른다. 주인공은 길에서 권총을 줍자 뉴욕의 한 전당포에 맡기고 돈을 받으려고 했다. 전당포 점원은 그 총을 보고 경보기를 울렸다. 복잡한 사건들이 이어지고, 마지막에 그는 법정에서 자신의 무죄를 입증해야 했다. 그러나 판사는 그에게 무죄를 선고하기 전에 이렇게 말했다. "뉴욕에서 총을 판매하는 것은 불법입니다. 나중에 총을 또 주우면 어떻게 하실 건가요?"

"뉴저지 주의 전당포에 팔겠습니다." 주인공이 대답했다.

이것은 실수로부터 잘못된 교훈을 얻는 예이다.

우리가 실수로부터 가장 흔히 얻는 잘못된 교훈은 아마도 미래에

비슷한 상황을 마주하면 어떻게 다른 방법으로 그 상황을 처리할 것인지를 배우기보다는 그 상황을 피하자고 마음먹는 것일 것이다. "난 그 일은 다시는 안 해." 혹은 "거기는 다시 안 가"와 같은 결심이 필요한 경우도 있겠지만, 그런 결심은 대개 자신의 행동을 새로운 방향에서 생각해봐야 하는 고통을 덜어주는 한 방편에 불과하다. 극단적인 경우, 피하는 것은 혐오증으로 발전할 수도 있는데, 그렇게 되면 처음 상처를 입었던 경우와 비슷한 상황을 마주칠 때마다 심한 불안감을 느끼게 된다.

나는 첫 재판에서 실패한 후 깊은 우울에 빠져 있던 젊은 지방 검사를 상담한 적이 있었다. 그녀는 재판에서 이기고 싶은 열망에 먹지도 않고, 자지도 않으며 열심히 재판을 준비했다. 재판 전날도 밤새워 준비를 했고, 다음날 그녀는 법정으로 들어가 멋지게 첫 진술을 했다. 그러나 곧이어 변호사의 약삭빠른 전술에 당황하고 말았다. 긴장을 한 데다 잠도 부족했던 그녀는 평정을 잃고 더듬거리며 조리 없이 말을 했고, 서류가방에서 서류도 제대로 찾지 못했다. 결국 판사는 절차상의 착오로 인한 심리 무효를 선언했다.

서글프게도 그 사건을 통해 그녀가 얻은 교훈은 '나는 형법과는 맞지 않는 모양이다'였다. 올바른 교훈은 다음과 같은 것이었을 것이다. '재판을 준비할 때는 몸과 마음을 건강하게 하는 것이 중요하다' '상대방에 대해 가능한 많이 공부하자' '한 번 실수했다고 해서 나를 여기까지 오게 한 내 능력이 모두 사라지는 건 아니다'

실수에 대한 또 다른 좋지 않은 반응은 자신을 너무나 혹독하게 판단하는 것이다. '난 겁쟁이야!' '난 정말 바보야!' '난 너무나 무능력해!' 등등. 이런 생각들은 자신을 벌함으로써 죄책감과 수치심을 덜게 해준다. 또한 일종의 방어기제가 된다. 스스로를 심하게 비판하면, 다른 사람이 어떤 말을 해와도 별로 상처가 되지 않을 것이다. 사실, 당신이 스스로를 비난하고 있다는 것을 눈치 채면 다른 사람들은 당신을 비판하려던 것을 멈추고 당신을 위로하려 들 것이다.

하지만 스스로를 채찍질하는 것은 결국 스스로를 망치는 일이 된다. 자신을 미워하는 것과 자신이 한 일을 미워하는 것을 구별할 필요가 있다. '이건 내가 정말 가치 없는 인간이라는 증거야' 라고 생각하면 자신감을 잃고 자포자기하게 된다. 하지만 '내가 그런 식으로 행동하는 건 참을 수 없어' 라고 생각한다면 지혜와 결단력을 얻을 수 있게 될 것이다.

잘못된 교훈은 사실을 부인하는 것이나 마찬가지이다. 혼외정사를 벌이다가 발각되어 가혹한 전투를 몇 차례 치른 후, '들키지 않게 좀더 조심했어야 했어' 라는 결론을 내리는 사람들이 있다. 그런 자기중심적인 반응은 실수를 통해 성장하는 것을 방해하며, 진실을 은폐하는 행동을 하게 만들 뿐이다. 그런 사람들은 올바른 교훈을 얻지 못한다. 즉, 바람을 피우게 되기까지의 문제들을 정면으로 맞서서 해결하지 못하게 된다.

한편, 학대를 받아온 사람들은 흔히 반대되는 방침을 택한다. 남편에게 맞고 살면서 남편에게 당할 때마다 "남편은 그럴 생각이 아니었을 거야. 남편을 화나게 하지 말아야 해"라고 생각하는 아내들이 있다. 역시 잘못된 교훈이다. 그들이 절실하게 배워야 하는 것은 남편을 화나지 않게 하는 방법이 아니라 다음과 같은 것이다. '나는 그런 취급을

받아서는 안 된다' '나는 스스로를 지켜야 한다' '나는 남편을 떠나서도 살 수 있을 것이다'

자신의 실수를 부인하고 실수로부터 배우지 않는 것은 잘못된 일이다. 그런 태도는 상황을 바로잡을 수 없다. 실수를 정면으로 마주하고 그로부터 올바른 교훈을 배워서 상황을 바로잡아야 한다.

우리는 항상 우리의 실수로부터 배운다.
하지만 항상 올바른 교훈을 얻는 것은 아니다.

- 실수를 하고 나서 적어도 48시간이 지날 때까지는 중요한 결정을 내리지 마라. 긴장을 하면 우리는 마음속의 무언가가 산산이 흩어지는 것처럼 느끼는데, 그 무언가를 속히 안정시키기 위해서 우리는 우리의 동기와 행동을 제대로 평가하기보다는, 우리를 안심시킬 수 있는 손쉬운 방편을 찾으려 하는 경향이 있기 때문이다. 이 '48시간 법칙' 이 우리에게 올바른 교훈을 얻을 수 있는 귀한 시간을 줄 것이다.

- 진정한 교훈을 피하고 있는 것은 아닌지 스스로에게 물어보라. 그 이유는
  - 노력하기보다는 즉각적인 만족을 얻고 싶기 때문이다.
  - 진실을 마주하는 것은 어려운 일이기 때문이다.
  - 자신이 변하기는 싫기 때문이다.
  - 자신이 아닌 다른 누군가를 비난해야 하기 때문이다.

- 자신이 저지른 실수는 미워하되 자기 자신은 미워하지 마라.

- 과거에 있던 비슷한 상황을 생각해보라. 그때도 같은 실수를 저질렀나? 그렇지 않다면 그때는 어떻게 다르게 행동했나? 그때도 실수를 했다면, 그런 실수를 다시 한다면 어떻게 하겠다고 생각했었나? 그런 것들을 기억하다 보면 올바른 교훈을 얻을 수 있을 것이다.

16

다른 사람을 자신의 뜻대로 변화시키려 한다

"더 이상 상황을 변화시킬 수 없을 때에야
우리는 자신을 변화시키려 애쓰게 된다." _빅터 프랭클

최근에 한번은 그룹 치료에 참가한 네 쌍의 커플에게 물었다. "두 사람의 관계가 나아지기 위해서는 상대가 변화해야 한다고 느끼시는 분은 손들어보십시오." 망설임 없이 여덟 명이 모두 손을 들었다. 그래서 나는 또 물었다. "여러분 자신이 변해야 한다고 느끼시는 분은?" 잠시 망설인 후 역시 여덟 명 모두가 손을 들었다. 스스로 달라져야 한다고 확신해서가 아니라, 상대가 자신들이 달라지기를 기대하고 있다는 사실을 알고 손을 든 것이었다.

부부나 연인의 경우 흔히 두 사람 모두가 그 관계에 변화가 필요하다는 것을 알고 있지만, 각자 자신이 아니라 상대방이 변해야 한다고 생각하기 때문에 관계가 발전하지 못하고 답보 상태에 빠진다. 상대를 강제로 변화시키려 애쓰거나 변화가 일어나기를 기다리며, 상대방을

있는 그대로 온전히 받아들이려 하지 않는다. 이것은 스스로를 망치는 행동인데, 그런 행동은 상대의 협조를 얻기는커녕 상대로부터 저항이나 도전을 받을 뿐이기 때문이다. 그렇게 하다 보면 두 사람 중 누구도 변하지 못할 뿐만 아니라, 두 사람의 관계는 분노와 괴로움으로 오염되고 만다. 아마도 부부가 이혼하는 가장 흔한 이유는 두 사람 중 한 사람이 상대방이 꿈꾸던 사람이 되지 못했기 때문일 것이다.

상대방이 바뀌기 전까지는 그 사람을 받아들이지 않는 것보다는, 우선 상대를 있는 그대로 받아들인 후 그 사람이 바뀌기를 기대하는 것이 좋다.

물론, 도저히 받아들이거나 타협할 수 없는 태도와 행동도 있을 수 있다. 당신이 만일 그런 상황에 처해 있다면, 심각하게 생각해봐야 한다. 도저히 받아들일 수 없는 성격을 가진 사람을 변화시키려 노력하고 있다면, 그렇게 하는 것이 얼마나 어려울 수 있는지를—또한 당신이 얼마나 비참해질 수 있는지를—과소평가해서는 안 된다.

그보다는 조금 나은 상황에서 취할 수 있는 최선의 전략은 우선 상대방을 받아들인 후, 차차 그 사람이 변화하기를 기대하는 것이다. 그렇다고 해서 당신이 염려하는 점에 대해 입을 다물고 있으라는 뜻은 아니다. 하지만 그런 태도는 상대를 좀더 받아들이겠다는 뜻을 나타낸다. "당신을 사랑해, 하지만 이런 점이 나를 괴롭게 해. 그것이 달라졌으면 좋겠어"라는 메시지는 "당신은 달라져야 돼. 그렇지 않으면 안 돼"라는 말보다 더 긍정적인 반응을 이끌 수 있는 것이다. 아마도 당신이 못마땅하게 느끼는 면에 대해서는 당사자 또한 고민하고 있을 것이다. 그러므로 당신이 그런 성격을 받아들여준다면, 상대는 안심하고 그 성격을 개선시키고자 노력할 수 있을 것이다.

이렇게 상대방을 조건부로 받아들이는 것은 또한 부모와 자녀들 사이에서 중요한 문제이다. 예를 들어, 한부모 엄마인 게일과 그녀의 딸 마시의 경우를 보자. 게일은 마시가 자부심이 강하고 혼자서 잘 살아갈 수 있는 여성으로 자라기를 원한다. 하지만 마시는 야망도 별로 없고, 자제력도 부족하다. 자신이 바라는 것을 딸에게 주입시키고 싶은 열망에서 게일은 자주 딸을 혼내고 벌주었다. 그런 행동이 마시에게 잠깐 동안은 동기를 부여해줄 수 있었지만, 얼마 지나지 않아 마시는 다시 반항을 했다. 마시는 자기 삶의 주인은 자신이라는 사실을 입증하기 위해서 자신의 미래를 가지고 모험을 서슴지 않았다.

"마시를 있는 그대로 받아들일 수 있겠어요?" 내가 게일에게 물었다. "그럴 수 없다면, 따님은 성장하지 못한 채 정체되어 있을 것이고, 당신은 어머니로서 느끼는 기쁨을 스스로에게서 박탈하게 될 겁니다."

게일이 딸을 있는 그대로 받아들이기 위해서는 많은 노력이 필요했다. 하지만 그런 노력에는 보상이 뒤따랐다. 엄마의 허락을 받기 위해서가 아니라 자신이 원하는 길을 선택할 수 있다는 확신이 생기자 마시는 변화할 수 있었다.

다른 사람들이 변하기만을 기대하고 있다면, 상대가 변하기를 기다리다가 미쳐버릴지도 모른다. 또한 사람들을 변화시키려 애쓴다면, 당신은 그들을 미쳐버리게 만들지 모른다. 하지만 당신이 사람들을 있는 <u>그대로의 모습으로</u> 받아들인 후에 그들이 <u>변화하기를</u> 바란다고 <u>말한</u>다면, 그들은 변화하려 노력할 것이다.

> 사람들을 변화시키려고 노력하지 마라.
> 있는 그대로 받아들이고 나서
> 그들 스스로 변화하기를 기대하라.

- 다음에 또 어떤 사람 때문에 괴로워하게 된다면, 잠시 멈추고 스스로에게 물어보라. "그 사람이 달라지지 않아도 괜찮을까? 그래도 그 사람을 계속해서 사랑할 수 있을까?"
대답이 '예스'라면, 당신은 기대치를 바꿀 수 있어야 하고, 그러고 나서도 두 사람의 관계에 대해 좋게 느낄 수 있어야 할 것이다.

- 상대가 변하지 않는다는 사실에 괴로워하며 스스로를 무기력한 희생자처럼 느끼는 대신, 상대방을 있는 그대로 놔두겠다는 적극적이고 의식적인 선택을 하라.

- 상대방의 좋은 점과 나쁜 점을 종이에 적어보라.

- 상대를 진정으로 받아들이려면, 좋은 점을 인정하고 그에 대해 고마워하는 시간을 갖도록 하라.

- 상대의 나쁜 점을 바꾸고 싶은 마음을 상대가 달라질 거라는 희망으로 바꾸도록 하라. 자신의 행복이 다른 사람이 변화하느냐 마느냐에 달려 있게 해서는 안 된다.

* 괴로워하기보다는, 자비로운 사람이 되기를 택했다는 사실에 자랑스러워하라.

* 상대에게 그가 달라지기를 바란다고 말했다면, 그에게도 이렇게 물어라. "나에게서 달라졌으면 하고 바라는 것 없어?" 이렇게 공평하게 노력을 하기로 하면, 상대도 변화하려는 의욕이 커질 것이다.

17

자신이 원하는 것을 외면한 채 반항을 위한 반항을 한다

"'출입금지'라는 표지판을 보면
사람들은 항상 반항을 하고 싶어진다." _칼 샌드버그

"어떤 것에 대항해서 싸우는 것보다는
어떤 것을 위해서 싸우는 것이 낫다." _무명씨

얼마 전에 한 정신의학 회의에서 나는 대학 시절에 알고 지냈던 테드를 우연히 만났다. 그는 똑똑한 학생이었으며, 나는 그가 대학원에 진학하여 자신의 부모님과 마찬가지로 상담치료사가 된 것으로 기억하고 있었다. 그러나 그는 상담치료사가 아니라 정신병원의 관리자가 되어 있었다. 그리고 그 사실을 부끄러워하고 있었다.

테드는 자신이 단지 부모님을 기쁘게 해드리기 위해서 정신의학을 공부해왔다는 사실을 깨닫고 대학원을 그만두었다. 자기 운명의 주인이 되기 위해서 '이유 있는 반항'을 시작한 것이었다. 그러나 불행히도 그는 또한 '이유 없는 반항'을 하게 되었다. 그는 서점에서 일하며 작가가 되려고 했으나 성공하지 못했고, 그 후 한 대학 도시에서 작은 빵집을 열었다. 몇 년 동안 그는 그런 소박한 삶에 만족하고 살았다. 하지만 나이를 먹고 허리 치수가 늘어남에 따라 따분하고 단조로운 자신의 삶에 대한 불만도 늘어갔다. 그리하여 그는 가족들의 인맥을 동원하여 정신병원의 관리직 자리를 얻었다. 테드는 그럭저럭 남부끄럽지 않은 경력을 쌓았지만, 만족하지는 못했다. "치료사들과 함께 환자들에 대해서 이야기할 때만 흥분이 돼." 그가 나에게 말했다. "논문도 계속해서 읽고 있고, 때로는 정신과의사들보다 더 좋은 아이디어가 있을 때도 있어. 하지만 아무도 내 말은 귀담아 듣지 않아."

분명 테드는 자신이 어렸을 때 내렸던 결정을 후회하고 있었다. "직업을 잘못 선택한 것 같아. 나는 좋은 정신과의사가 될 수 있었을 것 같아." 그가 고백했다.

어린시절 테드는 자신을 강제로 상담치료사로 만들려고 하는 부모님에게 반항을 했다. 그러면서 마음속으로 이렇게 외쳤을 것이다. "이래라 저래라 하지 말라구요!" 그러나 불행히도 그 과정에서 그는 자신의 목소리도 제대로 듣지 못한 것이다.

특정한 유형의 삶을 살라고 강제되어지는 아이들은 흔히 다음과 같은 혼란을 느낀다. "나 자신을 위해서 이렇게 하는 걸까, 아니면 부모님을 위해서 이러는 걸까? 이게 내가 정말로 원하는 걸까, 아니면 부모님의 계획을 따라가고 있는 걸까?" 자유의지를 위협당한 상태로는 자신에게 옳은 일을 하는 것이 자신의 독립을 주장하는 것보다 덜 중요한 일이 되어버린다. 그리고 그들이 선택한 것의 결과보다는 그 선택을 확실하게 자신의 것으로 만드는 것이 더 중요해져버린다. 하지만 부모가 그들에게 기대하는 것이 우연히도 그들의 성향 및 그들이 원하는 것과 일치하는 경우라면, 불행히도 스스로에게 반항하는 결과가 된다.

이런 유형의 스스로를 망치는 행동은 부모에게 반항하는 자녀들에게만 국한되는 것은 아니다. 주인처럼 행세하는 배우자에게 끊임없이 반항하는 남편이나 아내를 나는 수없이 많이 보아왔다. 또한 사업 파트너끼리, 특히 가족이 소유하는 회사에서 함께 일하는 형제가 상대방의 요구사항에 대해 반항을 하는 것을 많이 보아왔다. 문제는 늘 반항하는 사람이 자신에게 요구되는 일을 하기 싫어하는 것이 아니라, 그 일을 '해야 한다'는 사실을 원하지 않는 것이다. 누군가로부터 강요를 당한다는 것은 자존심을 파괴하고 존엄성을 해치는 일이다. 강요를 당하면 우리는 자신이 무기력한 어린아이가 된 것처럼 느낀다.

문제를 해결할 수 있는 열쇠는 우리 자신의 행동을 스스로 선택하고 있다는 느낌이다. 내가 아닌 다른 누군가를 만족시키고 있다는 느낌이 들어서는 안 된다. 그렇다고 해서 다른 사람이 자신에게 바라는 것을 거절하는 경우, 스스로가 원하는 것마저 거절해서는 안 된다. 그 단서는 마음속에 명확하고 바람직한 대안을 가지고 있느냐 아니냐는 것이다. 예를 들어, 앞서 언급했던 테드가 글을 쓰는 데 대해 진정한 열정을 가지고 있었다면, 혹은 빵집을 운영하기를 진정으로 꿈꾸었다면, 대학원을 그만둔 것은 실수가 아니었을 것이다.

요구하는 것이 지나치게 많은 배우자나 동료를 다룰 때는 반사적으로 항상 반항을 하거나 마지못해 따르는 대신, 잠시 멈추고 그 요청이 공정하고 합리적인 것인지를 생각해보라. 만일 그 요구가 공정하고 합리적인 것이라면 그들의 요구를 따르도록 하라. 하지만 그들의 요구가 공정하지 못하고 불합리한 것이라면, 싫다고 말하라. 아니면 부탁을 들어주는 차원에서 그 일을 해주고 상대방에게 그에 대한 보답을 기대하고 있음을 알려라. 그리고 당신이 어떤 일을 하라는 '명령'을 받는다면, 그 일을 할 것인지 말 것인지를 자유의지로 선택할 수 없음을 상대에게 설명하라. 내 환자 중 한 사람은 남편에게 이렇게 말했다. "나는 어른이에요. 두려움이나 위협 때문에 어떤 일을 하고 싶지는 않아요."

때로 반항을 하는 것은 숭고하고 용감한 일이다. 하지만 스스로 일어서겠다는 명분 때문에 자신이 진정으로 원하는 것을 외면한다면 반항에서 얻어지는 만족은 오래가지 못할 것이다.

> 스스로가 선택한 일이라면
> 그 일을 해야 한다는 사실에
> 화가 나지 않을 것이다.

- 다른 사람들이 당신에게 압력을 넣는다면, 그들의 요구가 공정하고 합리적인지 생각해보라.

- 그들이 당신에게 강요하는 일을 하는 것이 당신에게 의미가 있는 것인지를 객관적으로 분석하라.

- "만일 사람들이 의견을 바꿔버리거나 사라져버리기라도 한다면, 나는 그들이 처음에 원하던 것을 따라야 하나?"라고 스스로에게 물어보아라. 처음에는 대답하기 쉽지 않겠지만, 계속해서 생각하다 보면 자신이 마음 깊은 곳에서 진정으로 원하는 것이 마침내 모습을 드러낼 것이다.

- 알고 봤더니 당신이 꿈꾸는 것이 남들이 기대하는 것과 일치한다면, 생각을 바꾸어서 당신이 적극적으로 그것을 '선택'하도록 하라. 그러면 다른 누군가가 당신을 지배하는 것이 아니다. 그리고 당신은 자존심을 지킬 수 있을 것이다.

18

아무도 듣지 않는데도 계속해서 이야기를 한다

"이야기를 하는 것은 하프를 연주하는 것과 같다.
소리를 내기 위해 하프를 뜯는 것만큼이나 소리가 나지 않도록
현에 손을 자주 올려놓아야 한다." _올리버 웬델 홈즈

예전에 한 세미나에 참석한 적이 있는데, 두 명의 연사가 너무나 대조적이어서 강한 인상을 받았다. 베른하르트 박사는 카리스마 넘치고 좌중을 무척 즐겁게 해주는 사람이었다. 그는 청중을 끌어들이는 방법과 열정을 이끌어내는 방법을 알고 있는 사람이었다. 반면 스미스 박사는 조용하고 생각이 깊은 사람이었지만, 안타깝게도 영감을 불러일으키지는 못하는 타입이었다. 처음에 참석자들은 자석처럼 사람들을 끌어당기는 베른하르트 박사에 대해 격찬을 했고, 따분한 스미스 박사에 대해서는 비난 섞인 농담을 했다. 하지만 결국 사람들의 마음을 움직인 것은 스미스 박사였다. 스미스 박사는 청중에게 주의를 기울였다. 그녀는 사람들의 질문을 진지하게 받아들이고 사람들의 관심사를 귀 기울여 들었다. 베른하르트 박사는 청중을 단지 자신이 일상적으로 하는

일의 부품처럼 여겼다. 그리고 아마도 두 사람 사이에 가장 두드러진 차이점은 이것이었을 것이다. 베른하르트 박사는 매번 주어진 시간을 초과했고, 청중이 안절부절못하기 시작하면 화를 냈다. 그러나 스미스 박사는 베른하르트 박사보다 센스가 있었다. 그녀는 누구 한 사람이라도 불안해하는 모습을 보이면 바로 휴식시간을 갖자고 했다. 너무 시간을 끌어서 미움을 사지도 않았다.

우리는 왜 충분히 이야기를 하고 나서도 계속해서 이야기를 하는 것일까? 우리의 대화는 보통 세 가지 단계를 따라 진행된다. 첫 번째 단계에서는 정보를 교환하거나 견해를 나타내기 위해 애쓴다. 첫 번째 단계가 수행되면 다른 요구들이 그 자리를 대신한다. 두 번째 단계에서 우선적인 동기는 긴장을 완화하는 것이다. 단지 기분이 좋아지기 위해서 수다를 떠는 것이다. 우리는 이미 했던 이야기를 다시 하거나, 이야기하고 있던 주제와는 무관한 주제를 꺼낸다. 세 번째 단계에서는 상대방이 이야기를 듣지 않을까 염려하며 상대의 관심을 끌 만한 것이라면 아무 이야기나 한다. 다시 말해서, 대화의 단계가 진행됨에 따라 말을 하는 동기가 의사소통을 하려는 것에서 긴장을 완화하려는 것으로, 그리고 대화를 계속해서 지배하려는 것으로 옮겨가는 것이다.

두 번째나 세 번째 단계로 끌려가는 입장에 놓인 사람은 무례하지 않은 방법으로 대화에서 벗어날 방법을 찾아야 하는 어려움에 처하게 된다. 빠져나가지 못하면 시간을 낭비하게 되고, 결국 화가 날 것이다. 그러나 지나치게 열심히 말을 하는 사람이 치러야 할 대가는 더 크다. 사람들은 그를 존중하지 않게 될 것이고, 어쩌면 친구를 모두 잃을지도 모른다.

스트레스를 받거나 흥분을 한 상태에서 우리의 기분과 생각을 안으로만 억누르면 내면에 긴장이 쌓이게 된다. 그런 경우 말을 해서 마음의 짐을 덜고 나면 기분이 좋아지기 때문에 예의를 잊고 말을 길게 하게 되는 경우가 많다. 대화에서 시작한 말이 길어져서 상대는 듣지도 않는 혼잣말이 되어버리고, 상대를 따분하거나 귀찮게 만드는 무례한 지경에 이르고서야 말을 멈추게 된다.

> "할 말이 하나도 없어서
> 말로써 사실을 입증하지 않는 사람은
> 축복받은 사람이다."
> _ 조지 엘리어트

만일 당신이 이런 성향을 가지고 있다면, 대화가 어떤 단계에 와 있는지를 잘 인식하고 있다가, 상대를 짜증나게 하는 두 번째 단계나 무례한 세 번째 단계로 들어가기 전에 브레이크를 걸어야 한다. 상대방의 몸짓을 주의 깊게 보라. 안절부절못하는 모습을 보이거나 자꾸 시계를 본다면, 혹은 눈빛에서 초점이 약해졌다면, 그 사람은 무례하지 않게 당신의 말을 중단시킬 수 있는 방법을 찾고 있을 확률이 높다. 상대가 그런 모습을 보인다면 당신은 어떤 방법으로든 상대의 주의를 다시 끌고 싶을 것이다. 하지만 상대를 인질로 잡음으로써 강제로 상대의 주의를 붙들고 있는 것은 당신 자신을 망치는 행동이다.

대화를 계속함으로써 느낄 수 있는 안도감이 어떤 대가를 치러도 좋을 만큼 가치가 있는 것인지 판단해야 한다. 대가는 무엇인가? 상대는 아마도 당신의 이야기에 무관심해지거나 아니면 당신의 말을 중단시킬 구실을 만들어낼 것이다. 그러면 당신은 당황할 것이고, 스스로를 바보 같다고, 혹은 한심하다고 느낄 것이다. 만일 당신이 사람들과 이야기를 하다가 시간을 너무 끌어서 미움을 사는 경우가 잦다면, 사람들은 당신을 무시하게 될 것이고, 당신의 전화에 응답전화를 거는 것을 (고의로) 잊어버릴 것이며, 당신을 모임에서 제외시키게 될 것이다.

당장의 만족이 친구들보다 더 중요하지 않은 한, 자제하는 방법을 배우도록 하라. 사람들이 이미 당신의 이야기를 충분히 들었는데도 계속해서 그들을 붙들고 이야기를 하지 않는다면, 사람들은 당신을 제대로 평가하게 될 것이고 당신에게 호감을 갖게 될 것이다. 하지만 당신이 사람들을 당신의 긴장을 덜어주는 상대(두 번째 단계의 희생자)로 이용하고 강제로 그들의 주의를 끌려고 한다면 (세 번째 단계의 희생자) 지금 당장은 그들을 붙잡고 있을 수 있을지 몰라도, 곧 그들을 잃어버리게 될 것이다.

사람들이 더 이상
당신의 이야기를 듣지 않는 것 같으면
이야기를 그만두어라.

- 자신이 이야기를 너무 오랫동안 하고 있는 것이 아닌지 알고 싶다면, 상대방의 몸짓을 면밀히 관찰하라.

- 상대가 불안해하는 기색을 발견하면, 스스로에게 다음과 같이 물어라. 어떤 기분을 느끼는 게 나을까? 시작한 말을 끝내지 못한 데서 오는 실망감을 느끼는 게 나을까, 아니면 상대가 듣지도 않는데 계속해서 이야기하는 굴욕감을 느끼는 게 나을까?

- 가능한 빨리 이야기를 멈추어라.

- 이야기를 하면서 상대방의 생각과 의견을 물어라. 당신 혼자서 하는 말을 둘이서 나누는 대화로 바꿈으로써 상대에게 지루함을 느끼지 않게 할 수 있을 것이다.

19

괜찮지 않은데
괜찮은 척을 한다

"어렵더라도 진실을 말하라. 거짓말을 해야 하는 경우는 없다.
결점은 거짓말을 필요로 하며, 거짓말을 통해 두 가지로 불어난다." _조지 허버트

철물점 지배인인 43세의 존은 나에게 다른 도시에 살고 계시는 부모님께서 곧 자신을 방문하실 거라는 이야기를 했다. 나는 그에게 부모님을 만난다는 사실이 기대가 되는지 물었다.

"오시면 좋을 거예요." 그가 말했다.

"확신하는 말투가 아니네요." 내가 대답했다.

"네. 부모님은 끊임없이 말다툼을 하시고, 제가 하는 모든 일에 대해 뭐라고 하세요. 하지만 70대이신 부모님이 아직도 살아계셔서 다행이라고 생각해요."

나는 존을 추궁해서 진정한 속마음을 말하도록 했다. 그는 부모님이 오시는 것을 참을 수가 없다는 사실을 인정했다. "부모님이 오시면 진이 빠질 거예요. 아무도 즐겁지 않을 거예요. 부모님들조차도." 그가

말했다. 존은 이렇게 대답하고 나서 우울하고 뿌루퉁한 표정으로 입을 다물었다. 그가 이런 모습을 보일 때면 그의 부모는 묻곤 했다. "뭐 잘못된 거 있니?" 그러면 그는 "아뇨. 괜찮아요"라고 대답하곤 했다. 대부분의 경우 그는 뭔가가 잘못되었다는 사실을 자기 자신에게조차 인정하지 못했다.

이런 식으로 문제를 부인하는 것은 흔히 볼 수 있는 현상이다. 자신이 화가 났으며 고통스럽다는 사실을 인정하면 우리는 공격을 받는 듯한 기분이 든다. 기분이 나쁘다는 것을 인정하면 기분이 더 나빠질까 두려워한다. 고통이 더 강해질지 모른다고 걱정하는 것이다. 그러면 참을 수 없을지 모른다. 그러나 실제로는 그 반대이다. 자신의 기분을 인정하면 억압된 긴장이 풀리고, 기분은 나아진다.

우리는 또한 "난 기분이 나빠"라고 말하기 시작하면 누군가를 비난하게 될까봐 두려워한다. 다른 사람을 비난하다 보면 그 사람에게 복수를 해야 할 필요를 느낄지도 모르고, 스스로를 비난한다면 수치심을 느끼게 될 것이다. 또한 강제로 어떤 행동을 해야 할지도 모르는데, 이런 생각들을 하다 보면 두려울 수 있다. 그리고 이렇게 생각할 수도 있다. "나에게 상황을 나아지게 만들 능력이나 지혜가 없다면 어쩌지?" "위험한 일을 해야 하면 어떡하지?" 그렇기 때문에 처음부터 자신이 기분이 나쁘다는 사실을 인정하지 않는 게 훨씬 쉬워 보이는 게 사실이다.

내가 존에게 말해주었듯이, '괜찮다'는 것이 항상 '기분이 좋다'를 의미하는 것은 아니라는 사실을 깨닫는 것이 중요하다. 오히려 그것은 자신을 속이거나 억압하지 않고 적절한 감정을 표현할 수 있음을 의미한다. 정신적으로 건강한 사람들은 특정한 상황에서 자신이 어떤 기분을 느껴야 할지를 알고 있다. 화가 날 때면 그들은 화를 느끼고, 슬플 때면 슬픔을 느낀다. 자신의 기분을 인정하는 것은 기분이 나아지기 위한 첫 번째 단계이다.

기분이 좋지 않다는 것을 인정하는 것이 그 기분을 어떻게 해야 하는 것을 의미하지는 않는다는 것을 깨닫는 것 역시 중요하다. 사실, 스스로에게 자신이 기분이 나쁘다고 이야기하는 것은 행동할 필요를 줄여주는 것이다. 스스로의 감정을 인정하면 갑자기 성급하게 행동을 취하려는 충동을 억제할 수 있다. 충동적인 행동은 상황을 더욱 좋지 않게 만들 수 있는 것이다.

나는 존에게 다음과 같이 조언했다. 부모님이 그에게 잔소리를 하기 시작하면 스스로에게 이렇게 말하라고 했다. "난 지금 내가 느끼는 기분이 싫어." 그는 어리둥절해하는 것 같았지만, 그렇게 해보겠다고 했다. 그 다음에 그를 만났을 때 그는 이렇게 말했다. "나 스스로에게 '나는 지금 내가 느끼는 기분이 싫어'라고 말하자마자 안도감이 들었어요." 그는 뿌루퉁해지거나 물러서지 않았고, 부모님들이 그를 화나게 할 때도 화내지 않고 부모님을 참아낼 수 있었다.

기분이 나쁘다는 사실을 스스로 인정하는 것은 그것을 다른 사람들에게 인정하기 위한 필요조건이다. 자신의 어려움을 숨기려다 보면, 자신에게 도움을 줄 수 있는 사람들을 피해야 하거나 그들에게 거짓말을 해야 한다. 자신을 숨기면 다른 사람들로부터 도움을 받을 수 없을 뿐만 아니라, 다음과 같은 악순환이 발생한다. 자신의 감정을 숨기고 있다 보면 우리는 흥분하고 방어적이 될 것이고, 그렇다면 우리 주변의 사람들도 기분이 나빠질 것이다. 그러면 우리는 덩달아 기분이 더 나빠질 것이다. 우리의 기분이 그렇게 나쁠 때는 사람들이 우리에게 화를 내는 것을 이해할 수 없기 때문이다.

자신이 괜찮지 않다는 것을 인정하려면 지금까지 가져온 믿음을 뛰어넘을 필요가 있다. 자신의 기분을 인정하여 일시적으로 마음이 불편한 것이, 오랫동안 기분을 억압하고 피함으로써 얻어지는 결과보다는 낫다는 사실을 믿어야 한다. 그런 믿음은 우리에게 상황이 나아질 때까지 버틸 수 있는 용기를 줄 것이다.

> 기분이 나아지려면 우선
> 기분이 나쁘다는 사실을 인정해야 한다.

- 다음에 기분이 나쁠 때면, 마음속으로 기분이 나쁘다는 사실을 인정하라. 그런 단순한 행동이 마음을 가라앉혀줄 것이고, 성급한 반응을 보이지 않을 수 있게 도와줄 것이다.

- 기분에 이름을 붙여라. 그러면 덜 위협적으로 느껴질 것이고, 그 기분을 더 쉽게 다룰 수 있을 것이다. 이름을 붙이면 그 기분을 길들일 수도 있을 것이다.

- 가능한 정확하게 이름을 붙여라. 처음에는 "기분이 나빠"라고 해도 괜찮겠지만, "난 낙심했어"라거나 "절망적인 기분이 들어"와 같이 구체적으로 표현하는 것이 좀더 정확할 것이다.

- 다른 사람에게 당신이 기분이 좋지 않다는 것을 알리기로 했다면, 어떻게 안 좋은지를 정확히 표현하라. 예를 들어 "너무 기분이 안 좋아서 _____ 하고 싶어져"라고 말할 수 있을 것이다. 그렇게 말을 하면 기분을 직접적으로 말하기보다는 자신의 기분을 '보여주게' 되는데, 그러면 다른 사람들이 당신의 기분을 더 잘 이해할 수 있게 된다. 그렇게 되면 다른 사람들은 당신의 말을 더 귀 기울여 듣게 될 것이고, 당신에게 공감을 하게 될 것이다.

20

강박관념과
강박적인 행동에 시달린다

"나는 강박의 엄격한 손아귀에 붙들려 있었다.
여자로 하여금 한밤중에 집안을 청소하지 않을 수 없게 만드는
그 음험하고 불합리한 충동의 손아귀에." _제임스 서버

"단지 그럴 필요가 있기 때문에
어떤 일을 반드시 해야 하는 것은 아니다." _무명씨

때로, 무언가로부터 압력을 받을 때 우리는 가장자리까지 몰리는 느낌을 받기도 한다. 그럴 때는 언제라도 금방 자제력을 잃을 것처럼 느껴진다. 그런 재난을 피하기 위해서 우리의 정신은 주의를 다른 곳으로 돌린다. 우리가 지배할 수 있을 것 같은 것들에 집중하는 것이다. 이런 방어적인 행동이 너무 심해지면 강박증세로 발전할 수 있다. 아이러니하게도 그런 증세는 스스로 생명을 갖고 커가면서 우리를 더욱 무기력하게 만든다.

강박이란 불가항력적인 기분을 사고(思考)로 바꾸려는 무의식적인 시도이다. 그 사고의 패턴을 계속해서 반복 재생하여 불편한 마음이 사라질 때까지 정신을 딴 데로 돌리는 것이다. 하지만 그 효과는 물 속에 서서 헤엄을 치는 것과 마찬가지이다. 많은 에너지를 낭비하고도

아무런 결과를 얻지 못하는 것이다. 강박증세는 반드시 시간이 지남에 따라 강해진다. 강박증이 일정 정도를 넘어서면, 그때까지 생각에 집중되어 있던 에너지는 넘쳐흘러 행동으로 이어진다. 그 결과가 바로 강박적인 행동이다. 예를 들어, 어린아이가 백화점에서 엄마를 잃어버렸다고 해보자. 갑자기 혼자가 된 아이는 아무도 자신을 보호해주는 사람이 없다는 공포에 휩싸인다. 그 공포는 참을 수 없을 정도로 커서, 아이는 엄마가 돌아올 때까지 공포를 몰아내기 위하여 신발로 바닥을 비비며 발밑만 내려다보고 서 있는다. 그 상태가 심해지면 아이는 강박적으로 자신의 신발을 문지르기 시작한다.

우리들 대부분은 그와 같은 행동의 '성인 버전'에 친숙하다. 예를 들어 자신을 실패자로 느끼는 사람은 빠른 시간에 부자가 되고 싶은 강박관념에 사로잡혀서 도박에 빠져들게 된다. 자신을 못생겼다고 생각하는 여성은 자신이 사는 집의 겉모습에 사로잡혀서 강박적으로 집을 꾸민다. 또한 내면적으로 공허하게 느끼는 사람은 어떻게 하면 자신을 채울까 하는 생각에 사로잡혀서 끊임없이 먹어댄다.

강박증을 없애는 열쇠는 그런 강박증을 불러일으킨 고통이나 두려움에 정면으로 맞서는 것이다. 일반적으로, 강박증의 뿌리를 피하면 피할수록 스스로를 무력하게 느끼게 되고, 강박증은 점점 더 커지게 된다. 강박증을 치유하기 위한 최선의 접근법은 강박증이 커지기까지의 과정을 거꾸로 되짚어보는 것이다. 우선, 강박적인 행동을 그만둔다. 그 행동이 손을 자꾸만 씻는 것이든, 집안을 계속해서 청소하는 것이든, 무엇이든 상관없다. 그런 행동을 그만두는 것은 쉽지 않을 것이다. 담배를 피우던 사람이 담배를 끊기 시작하면서 느끼는 것과 비슷한 불안감과 초조를 느낄 수도 있다. 강박증은 어떤 의미에서는 상황에 대처하는 잘못된 방식에 '중독'되는 것이기 때문이다.

　강박적인 행동을 멈추었을 때, 우리 내면의 시스템은 그 행동에 앞서서 일어났던 것, 바로 강박적인 사고로 되돌아갈 것이다. 그러나 이제 강박적인 사고는 행동을 통해 분출될 수 없기 때문에, 차츰 차츰 더 강해질 것이다. 그러다 보면 결국 그런 사고와 행동 패턴을 맨 처음에 만들어낸 중심이 되는 기분에게로 주의를 돌리게 될 것이다. 그렇게 강박증의 근원을 찾아가는 과정을 참아낼 용기가 있다면, 우리는 우리가 지금껏 피해온 고통이나 두려움을 똑똑히 보게 될 것이다.

　내가 만났던 두 가지 경우를 예로 들어보자. 항공우주업계의 엔지니어인 조는 컴퓨터 파일에 대해 강박증세를 갖게 되었다. 그는 컴퓨터 파일들이 바이러스에 의해 파괴될 위험에 처해 있다고 생각했다. 그래서 그는 강박적으로 바이러스 치료 프로그램들을 컴퓨터에 깔았고, 파일을 보호할 수 있는 정교한 시스템을 만들었다. 그의 그런 강박증세는 마침내 자신의 일을 하는 데보다 더 많은 시간을 컴퓨터를 지키는 데 쏟아 부을 지경이 되었다. 나의 설득에 못 이겨 그는 나를 만난 다음 날 아침에 그런 행동을 그만두기로 약속했다. 그는 약속대로 그런 행동을 그만두었다. 그러나 바이러스가 침투하여 파일을 파괴할지 모른다는 걱정은 멈출 수가 없었고, 결국 조퇴를 하고 나를 찾아왔다. 나는 그가 진정으로 두려워하는 것이 무엇인지를 알아내도록 도와주었다. 그가 몸담고 있는 업계에는 대량해고 바람이 불고 있었고, 그는 자신도 일자리를 잃으면 어쩌나 두려워하고 있었다. 그리고 그런 두려움의 밑바탕에는 자신의 아버지와 같은 운명을 반복하면 어쩌나 하는 공포가 깔려 있었다. 그의 아버지는 오랫동안 몸담아오던 직장에서 해고당한 뒤 정신병원에서 여생을 보냈던 것이다. 자신이 진정 두려워하고 불안해하던 것이 무엇인지를 알게 되자 그는 강박증세에서 벗어나 회사에서 자신의 가치를 높일 수 있는 노력을 시작할 수 있었다.

아이린은 남편 없이 혼자서 아이들을 키우느라 평일에는 오랜 시간을 일해야 했다. 그리고 주말이면 그런 생활을 보상받고자 하는 마음에서 강박적으로 가족끼리 함께하는 다양한 활동을 마련했다. 그러나 아이들은 자기들끼리도 주말을 보내고 싶어서 엄마가 강요하는 것들에 반항을 하기 시작했다. 나는 아이린에게 돌아오는 주말에는 아무 일도 계획하지 말라고 설득했다. 금요일이 다가옴에 따라 그녀는 점점 불안해지기 시작했고, 마침내 자신이 지니고 있는 가장 큰 문제에 맞닥뜨리게 되었다. 그녀는 자신의 어머니가 그랬듯이 자신이 사랑하는 사람들과 진정으로 감정을 나누며 살지 못하면 어쩌나 두려웠던 것이다. 사랑하는 사람들에게 애정을 충분히 줄 수 없으면 어쩌나 하는 두려움을 인정하고 똑바로 마주하자, 그녀는 아이들에게 덜 집착하면서도 좀더 친근하고 밀접한 관계를 맺을 수 있는 노력을 시작할 수 있게 되었다.

강박증에서 벗어나는 것은 쉽지 않다. 특히 강박적인 행동 패턴이 굳어졌을 때는 더 그러하다. 하지만 인생에서 도망치지 않고 스스로 인생을 능동적으로 경영할 수 있으려면 반드시 강박증에서 벗어나야 한다. 그리고 우리는 강박증에서 벗어날 수 있다.

강박적인 사고와 행동은 고통과 두려움을
모른 척 지나칠 수 있게 해줄지 모른다.
하지만 고통과 두려움을
이겨내게 해주지는 못한다.

- 자신을 사로잡고 있는 강박관념에는 어떤 것이 있는지 밝혀본다. 자신이 끊임없이 생각하게 되지만 건설적인 행동으로 이어지지는 못하는 생각들을 적어봄으로써 자신의 강박관념을 알아낼 수 있다.

- 자신이 지니고 있는 강박적인 행동으로는 무엇이 있는지 밝혀본다. 자신이 반복적으로 하는 행동으로서, 그 행동을 하는 순간에는 잠시 안도감을 주지만 나중에는 죄의식을 느끼게 하거나 추가적인 문제를 일으키는 행동이 그것이다.

- 다음에 그런 생각이나 행동을 또 하려고 들면 스스로를 자제시키겠다고 스스로와 약속을 한다.

- 강박적인 행동을 없애는 일을 혼자서 하기에 너무 힘들다면, 상담치료사나 성직자, 혹은 친구의 도움을 받는다. 자신을 지지해줄 수 있는 믿을 만한 사람이 그런 노력에 도움을 줄 수 있을 것이다.

- 자기도 모르는 사이에 쓸모없는 행동을 또 하려는 자신을 발견하면 스스로에게 이렇게 말하라. "아, 깜빡했네. 난 이 행동을 이제 안 할 거지." 그렇게 하면 스스로를 파괴하는 행동을 더 이상 하지 않겠다는 자신과의 약속을 상기할 수 있을 것이다.

- 강박적인 행동을 그만두면 긴장감은 늘어날 것이다. 그런 때의 육체적인 감각과 감정을 잘 파악해야 한다. 스스로에게 물어라. "내가 어떤 기분을 느꼈고, 언제 어디서 그런 기분을 느꼈지?"

- 그런 감각과 감정을 밝힌 다음에는 다음의 문장을 완성해보도록 하라.
  "이런 기분이 들 때는 _____ 하고 싶어져."
  "내가 그 행동을 하면, 그 결과는 _____ 일 거야."
  "지금은 _____ 하는 게 더 나을 거야."

- 강박관념이나 강박적인 행동에 굴복하지 않을 때마다 스스로에게 상을 준다. 사실, 자신이 더 이상 강박적인 사고나 행동에 끌려다니지 않는다는 사실 자체도 충분한 보상일 것이다.

주: 여기서 논의된 강박적인 사고나 행동을 강박장애와 혼동해서는 안 된다. 강박장애는 심각한 정신과 질환으로, 많은 경우 약물치료가 필요하다.

21

모든 일을 지나치게 사적으로 받아들인다

"타인들의 무례함은 당신을 향한 것이 아니다.
그것은 그들이 과거에 만났던 사람들을 향한 것이다." _P. 스콧 피츠제럴드

"타인이 주는 화가 있고,
내 스스로 만드는 화가 있다." _아이작 월튼

"얘들아, 좀 조용히 하랬잖아!" 마흔세 살의 노사문제 교섭 전문 변호사 모린은 이렇게 말하며 불쑥 뒷좌석으로 손을 뻗어 가장 가까이에 있는 아이의 팔목을 낚아채려고 했다. 순간 차는 방향을 잃고 고속도로의 옆 차선으로 미끄러졌고, 뒤따라오던 트럭을 아슬아슬하게 피했다. 이 위기일발의 사건으로 인해 결국 아이들이 조용해지기는 했지만, 그들은 목숨을 잃을 수도 있었다.

모린은 이 사건으로 인해 대단히 화가 났고, 내 사무실에 와서 자신에 대한 비난을 폭포처럼 쏟아냈다. "제 꼴 좀 보시라구요. 유능하다는 변호사씩이 지기 아이들도 제대로 다루지 못하고 죽일 뻔했다구요." 라며 그녀는 흐느꼈다. 나는 그녀에게 회사 측 변호사들의 공격에 맞서야 할 때는 어떻게 하느냐고 물었다. "상황을 객관적으로 보려 하지

요"라고 그녀는 대답했다. "문제를 주관적으로 접근하면 명확하게 생각을 할 수가 없어요."

여기에 모든 해답이 있었다. 차 안에서 아이들이 일부러 엄마를 화나게 하려고 말을 듣지 않았다고 생각했기 때문에 자신이 그런 반응을 보였다는 것을 모린은 깨달았다. 그녀는 아이들이 엄마를 골탕 먹이려 했다고 생각했지만, 사실 아이들은 하루 종일 교실에 앉아만 있다가 해방되어 기운이 넘쳤을 뿐이었다. 나는 모린에게 또 다시 그런 일이 벌어진다면 사적인 감정을 개입시키지 말고 진지하게 일을 처리해보라고 조언을 해주었다.

어떤 일을 사적으로 받아들인다는 것은 특정한 말이나 행동이 자신에게 상처를 주기 위한 의도를 지니고 있다고 생각하는 것을 의미한다. 예를 들어, 호의에서 잘못된 점을 지적하면 비판으로 받아들인다거나, 자신의 의견에 동의하지 않으면 반박으로 오해한다거나, 제3자의 악의 없는 조언을 모욕으로 받아들이거나 하는 것이다.

좀더 구체적인 예를 들어보자. 글이 잘 써지지 않아 고생하고 있는 한 작가에게 그의 아내가 이제 막 등단하여 굉장한 계약을 맺게 된 소설가의 이야기를 꺼냈다. 그러자 남편은 분개했다. 그는 아내가 "당신은 실패자예요"라고 말하는 것이라고 느꼈다. 그러나 사실 아내는 남편과 같은 재능을 가진 다른 사람이 그런 행운을 누리는 것이 마땅하다는 생각에서 그런 말을 했던 것이다.

타인의 진정한 의도를 오해하는 것이야 말로 관계를 망치는 지름길이다. 타인의 의도를 오해하면 적절한 반응을 보이거나 대답을 하는 대신 앙갚음을 하려 들거나 방어적이 되고, 토라지고 화를 내버리게 된다. 이런 반응은 자신이 걱정을 하는 정당한 이유를 희석시킬 뿐만 아니라, 정당한 불평에 대한 타인의 반응마저 편견에 빠지게 만들어버린다. 게다가 자신이 어떤 짓을 했는지 깨닫는 순간 덤으로 부끄러움까지 떠안아야 한다.

사적인 감정으로 업무를 처리하는 것 역시 많은 문제를 일으킬 수 있다. 의료품공급회사의 설립자이자 경영자인 조애나의 경우를 보자. 판매사원들에게 새 제품 라인에 대해 설명을 하는 중요한 회의 자리에서 팀이라는 직원이 늘어지게 하품을 했다. 팀을 고용한 사람이자 그의 상사인 조애나에게 있어서 이 하품은 마치 여러 사람들 앞에서 따귀를 맞는 것과 마찬가지로 모욕으로 받아들여졌다. 그녀는 그 자리에서 팀을 해고해버렸다. 그러나 팀은 부당해고라며 소송을 걸었다. 팀이 그 회사에서 가장 열심히 일하는 세일즈맨이었다는 사실을 깨닫고 나서야 조애나는 자신이 실수를 했다는 것을 알게 되었다. 그는 오랜 시간 일을 해서 피곤했던 것이고, 무례해서라기보다는 너무 피곤해서 자신도 모르게 하품을 했던 것이다. 결국 조애나는 자신의 실수에 대해 팀에게 사과를 하고 그를 다시 고용했다.

일을 사적으로 받아들이면 그것 때문에 흥분할 수도 있고 반대로 냉정해질 수도 있다. 놀랄 만큼 많은 수의 남성들이 아내에게 번번이 당하는 모욕에 화가 난 나머지 자신이 폭력적으로 변할까 두려워 별거를 하게 되었다고 나에게 말했다. 또 다른 이들은 자신들의 분노가 너무 끔찍해서 애정이나 관심을 주고 싶은 바로 그 사람에게 애정을 주기를 포기해버린다고도 했다.

비극적이게도 이런 많은 경우에 있어서 사적으로 받아들이거나 행하지 말았어야 하는 행동으로 인해 고통이 야기된다. 그 대신 좀더 진지하고 침착하게 상황을 살펴본다면, 우리는 냉철해질 수 있을 뿐만 아니라, 화가 났던 대상에게 다시금 따뜻한 태도를 보일 수 있을 것이다.

다른 사람들의 말이나 행동을
사적으로 기분 나쁘게 받아들이지 말고
진지하게 받아들여라.

- 누군가 당신을 화나게 하려 한다면, 그 사람이 그렇게 행동할 만한 원인이 자신에게 있는지 스스로에게 물어보라.

- 만약 그렇다면 일찍 고백하라. 그 사람에게 사과하고, 다음에는 더 잘하겠다고 약속하라.

- 만약 그렇지 않다면 그 사람이 다른 사람들에게도 그런 식으로 행동하는지 생각해보라. 그가 다른 사람들에게도 그런 식으로 말하고 행동한다면 그의 태도를 사적으로 불쾌하게 받아들일 필요는 없다.

- 당신은 세 가지 중에서 선택할 수 있다. 좀더 수용할 수 있는 방법을 찾는 것, 자신의 손해를 줄이고 관계를 끊어버리는 것, 자신의 느낌을 알린 후 공격적인 행동이 끝나기를 바라는 것.

- 기억하라. 사적으로 받아들이지 않는다고 해서 다른 쪽 뺨까지 내밀어주라는 뜻은 아니다. 성급하게 행동하기 전에 생각을 먼저 하라는 뜻이다.

22

남들에게 지나치게 요구한다

"모든 인간은 신을 필요로 한다." _호머

모든 이들은 다른 사람들이 필요하다. 그러나 이러한 욕구가 과도하여 만족할 줄 모르며 상대방이 이용을 당한다는 느낌을 받는다면 자신의 의도와는 정반대의 결과가 나오게 된다.

우리가 계속 부족해하면 사람들은 우리를 욕심쟁이라고 생각할 것이다. 그리고 우리가 원래의 몫보다, 혹은 대가로 받을 수 있는 것보다 더 많이 가지려 한다고 생각하게 될 것이다. 문제는 구체적인 부탁이나 물질적인 도움을 너무 많이 청하는 것에 있지 않다. 어떤 경우에 있어서는 이러한 부탁 자체가 문제가 될 수도 있기는 하지만, 사람들을 진정으로 화나게 하는 것은 바로 우리의 정서적인 결핍 그 자체이다.

"다른 이의 식탁에 의존하는 자는 늦은 식사를 하기 쉽다."
_존 레이

만일 빈곤과 결핍이 당신의 기본 정책이라면 당신은 다른 사람들이 당신을 인정하고 재확인해주며 당신의 가치를 강화해주기를 바라고 있는 것이다. 이것은 대부분의 사람들이 줄 수 있는 것의 범위를 넘어선다. 스스로의 만족을 위해 선행을 베푸는 성자가 아닐진대, 당신에게 선뜻 주었던 무언가가 의무로 느껴지게 된다면 결국 사람들은 등을 돌리게 될 것이다. 당신과 교류하면서 사람들은 분노를 느낄 것이고, 고갈되기 시작할 것이다.

정말 무언가를 필요로 하는 사람들은 정반대로 행동하기도 한다. 그들은 자신의 결핍을 감추고 의식적으로 아무것도 필요하지 않은 척하기도 한다. 자존심이 강한 사람들은 마치 자신들은 아무것도 부족하지 않은 듯 행동한다. 우리는 그런 사람들을 거만하거나 생색을 낸다고 보는 경향이 있다. 그런 사람들을 보고 있노라면 우리 자신이 쓸모없는 존재로 느껴지고, 여전히 무언가에 욕심을 내는 자신으로 인해 부끄러움을 느끼게 되므로 화가 나기도 한다. 그런 사람들은 우리가 무언가를 줄 수 있는 기회를 거부하므로 관계를 맺기가 힘들다. 대부분의 사람들은 자신이 타인에게 가치 있는 무언가를 줄 수 있는 능력이 있다는 사실에서도 자신의 가치를 찾기 때문이다.

아무것도 필요 없는 척하는 또 다른 방법은 희생자처럼 행동하는 것이다. 이런 가짜 희생자들도 우리의 분통을 터지게 한다. 우리가 그들에게 무언가를 주려 할 때 그들은 마치 우리의 그런 행동이 잘못된 것처럼 느껴지게 하기 때문이다. 그들은 자신이 아무것도 필요하지 않다는 것을 우리에게 확신시키고는 곧바로 커다란 요구를 꺼내놓는다. 여기에 당신이 응하지 못하면, 그들은 상처받은 듯 행동하면서 자신들이 당신을 위해 했던 일들을 상기시킨다. 그래서 거기에 대한 보답을 하려 하면 또 "나에게 아무것도 해주지 마"라고 말한다. 결국 사람들은 이런 복잡한 메시지에 지쳐버리고 이 사람이 진짜로 원하는 것이 무엇인지 생각하기를 포기하게 된다.

빈곤감이 생기는 이유는 어린시절의 불안이 성인기로 이어져 자신의 두 발로 설 수 없을 것 같은 두려움이 생기기 때문이다. 이럴 경우 우리는 타인을 자신의 구원자로 생각하게 된다. 이를 극복하려면 이런 불안이나 두려움은 모든 사람이 겪는 것이며, 피하기보다는 짊어지고 앞으로 나가야 한다는 사실을 받아들여야 한다.

그러나 많은 경우에 있어서 문제는 결핍감 자체가 아니라 결핍된 것처럼 행동하는 것이다. 어떤 사람들은 실제보다 더 많이 의존적으로 보이려 할 때가 있다. 만약 당신이 그렇다면, 의존적인 행동을 도움을 조금 필요로 하는 행동으로 바꾸면 어떨까. 도움을 필요로 하는 사람들은 적절한 정도의 요구만 드러낸다. 이들은 합리적인 수준의 것을 부탁하기 때문에 다른 사람들도 기꺼이 그들을 도와준다. 또한 이들은 남들의 도움을 받고 감사할 줄 알며, 보답하려고도 한다. 그리고 부탁한 것이 채워지지 않을 경우 이들은 스스로 어떻게든 해보려 노력하며 남을 원망하지 않는다.

도움을 필요로 하는 사람들은 부탁을 하지만, 욕심을 부리는 사람들은 요구를 한다. 도움을 필요로 하는 사람들은 타인을 의지처로 삼지만, 욕심을 부리는 사람들은 전적으로 의존만 한다. 도움을 필요로 하는 사람들은 진심으로 고마워하지만, 욕심을 부리는 사람들은 다음에 또 다른 무언가를 얻기 위한 미끼로 고마움을 이용한다. 당신이 욕심을 부리는 행동을 한다면 사람들은 당신을 포획자로 취급할 것이다. 포획자에게 무언가를 주는 것은 힘든 일이다. 그러나 도움을 필요로 한다면 사람들은 당신이 무언가를 억지로 움켜쥐려 하는 것이 아니라 마땅히 받아야 할 것에 다가가려 한다고 생각할 것이다. 그리고 대부분의 사람들이 당신이 필요로 하는 것을 주게 될 것이다.

욕심을 부리면 남들의 분노를 산다.
아무것도 필요 없다고 하면 남들에게 좌절을 준다.
그러나 조금만 바라면 남들의 도움을 얻을 것이다.

- 당신이 지나치게 요구하는 유형의 사람이라면, 사람들이 처음에는 원하는 것을 들어주다가도 곧 당신에게 화를 낼 거라는 사실을 깨달아야 한다.

- 아무것도 필요 없는 듯 행동하면 사람들은 당신에게 아무것도 줄 수 없게 되고, 곧 좌절감을 느끼게 된다는 사실을 깨달아야 한다.

- 다른 사람들로부터 무엇을 얻고 싶은지 분명하게 표현하는 방법을 익혀라. 또한 그것이 요구처럼 들리지 않도록 하라.

- 다른 사람들에게 고맙다는 표시를 분명히 하고, 그들도 당신에게 무언가를 원할 수 있다는 점을 알려라.

- 당신이 필요로 하는 것을 얻었을 경우 진심으로 감사를 표하라.

- 원했던 바를 얻지 못한 경우에도 화를 내거나 남을 원망하지 않을 수 있도록 마음의 준비를 하라.

23 비현실적인 기대를 품는다

> "기대는 흔히 무너진다.
> 그리고 확실하다고 생각했던 기대가 가장 흔히 무너진다." _셰익스피어

맥신은 합리적으로 보이는 목표를 가지고 내게 도움을 청하러 왔다. 그녀의 목표는 전남편과 다시 합치는 것이었다. 첫 번째 시도는 비록 악몽이었지만, 이번에는 결혼생활이 꿈같이 재개될 것이라는 몇 가지 완벽한 이유를 그녀는 내게 말했다. 그녀는 무엇이 잘못되었는지, 그리고 그녀와 전남편이 관계를 새롭게 다지기 위해 무엇을 어떻게 해야 하는지 정확히 알고 있었다. 헤어진 부부들이 재결합하는 과정을 전에도 도와준 적이 있었기 때문에 나는 그녀가 남편과 조심스럽게 화해를 하려 한다고 생각했다. 그녀가 착각하고 있다는 것을 깨달은 계기는 전남편의 태도에 대해 질문을 하고 나서였다. 그녀의 전남편은 이미 재혼해서 두 아이의 아버지가 되어 있었다.

맥신은 자신이 소망하는 일들을 자신이 반드시 해야 하는 일들로 바

꿔서 받아들이고 있었다. 심지어 자신의 목표가 한낱 공상으로 바뀌어 버렸는데도 이런 태도를 버리지 못했다. 결국 그녀는 자신을 황폐하게 만들었을 뿐만 아니라, '진정한' 관계를 발전시키며 자신의 인생을 발전시키는 데 사용할 수 있는 시간과 에너지를 공상으로 소비해버린 것이다.

내 경험에 비추어볼 때, 우리가 기대하는 것들의 대부분은 공정하고 합리적이다. 그러나 늘 현실적이지는 않다. 중년기에 새로운 직업을 가져보겠다는 소망은 합리적이다. 하지만 쉽게 이루어지길 바란다거나 당장 성공적인 결과를 얻겠다는 기대는 현실적이지 못하다. 친구가 내 감정을 이해해주길 바라는 것은 합리적인 소망이다. 그러나 만일 그 친구가 지나치게 분석적이며 해결중심적인 사람이라면 아마도 이런 소망은 비현실적인 것이 될 터이다.

습관적으로 비현실적인 목표를 선택하는 사람들은 소망으로 인해 상식을 놓쳐버리게 된다. 그들의 마음속에서는 자신이 무언가를 원하면 그것이 반드시 이루어질 듯 보인다. 그들은 큰 판돈을 걸고 도박하기를 좋아한다. 그러나 승률을 계산하려면 아무래도 라스베가스 전문 도박사의 도움을 받아야 할 것이다. 그들은 자신에게 꿈을 이룰 만한 능력이나 자원, 지식이 있는지 없는지, 또한 상황이 유리한지 아닌지를 현실적으로 평가하지 않는다. 더욱 심각한 점은, 자신이 하고 싶은 일을 너무 확신하다 보니, 만일의 경우에 대한 대비책이라든가 실패를 감당할 수 있는 감정적 준비를 전혀 하지 않는 것이다. 그 결과, 그들은 단순히 좌절하기만 하는 것이 아니라 처음으로 되돌아가고, 심지어 처음보다도 더 후퇴하는 수가 있다. 그리고 실패할 때마다 스스로를 정당화해야 하는데, 그런 정당화는 승산 없는 싸움을 더욱 매력적으로 보이게 만든다.

> "집착은 환상을 만들어내는 주범이다.
> 한 발자국 떨어져 있는 사람만이 현실을 얻어낼 수 있다."
> _ 시몬느 베이유

물론 정력적인 실천가라면 생각을 많이 해도 아무 상관없다. 진정한 실천가들과 공상가들은 이런 점에 있어서 비현실적인 몽상가들과 다르다. 그들은 결과뿐만 아니라 목표를 향해 매진하는 과정에서도 희열을 느낀다. 그들은 계획이 실패하더라도 다시 재기할 수 있는 용기를 지니고 있으며, 또한 실패해도 괜찮다는 것을 알고 있다. 그들은 일의 승산을 알고 있으며, 실패의 가능성에도 대비한다. 내가 알고 있는 아주 성공한 한 기업가는 가능성 없어 보이던 일을 성공으로 바꾸었다. 그는 늘 아슬아슬한 계획을 실행에 옮겼다. 그러나 그는 눈에 보이지 않는 것들에 대한 환상을 전혀 가지고 있지 않았으며, 실패하더라도 자신을 망치지 않을 수 있도록 재정적으로나 정서적으로 대비를 하고 있었다.

어려운 일에 도전하려 한다면, 이를 수행할 수단도 반드시 있어야 하지만, 실패를 감수할 수도 있어야 한다. 무언가가 필요했는데 가질 수 없게 된다면 우리는 실망하게 된다. 무언가가 정말로 필요했는데 가질 수 없게 된다면 우울해질 것이다. 그러나 특별한 이유 없이 무각정 가져야 한다고 생각했는데 가질 수 없게 된다면 굉장한 공허감을 느끼게 될 것이다.

　나는 상담하는 사람들에게 자신의 목표가 얼마나 현실적인지 평가하게 하고 적절한 소망을 설정하게 한다. 만약 당신의 목표가 비현실적이라면, "꼭 가져야 해"라며 무작정 뒤쫓지 말기 바란다. 관계에 있어서도 그렇다. 대개 타인들의 속마음은 알 수가 없기 때문에 당신의 소망을 그저 요구사항 정도로 다루는 것이 가장 좋을 것이다.

　가능성이 희박한 기대를 확실한 것이라고 착각한다면 결국은 실망을 하게 될 것이다. 그러나 가능성이 적은 일은 적은 일로, 확실한 일은 확실한 일로 받아들인다면, 인생에서 당신의 몫으로 되어 있는 모든 것을 충분히 얻을 수 있을 것이다.

합리적으로 보이는 것과
현실적으로 실행할 수 있는 것은 다르다.

- 다음번에 당신이 무언가를 원할 때는, 그것을 이루거나 얻을 가능성이 얼마나 되는지 스스로에게 물어보라.

- 목표를 달성하는 데 필요한 모든 것을 적어보라.

- 자신을 객관적으로 바라보고, 자신의 능력이 앞으로 해야 할 일을 달성할 만한지 평가해보라.

- 자신의 목표에 1점부터 10점까지 점수를 매겨본다. 1점은 전혀 현실적이지 못한 목표이고 10점은 아주 확실한 목표이다. 점수가 낮을수록 현실화를 위해서 보완적인 계획을 세울 필요가 있다.

- 자신의 소망이 얼마나 현실적인지에 따라 '갖고 싶다' '가져야 한다' '꼭 가져야 한다' 로 분류해보라.

- 공허감에 대비하지 못했다면 '꼭 가져야 한다' 는 소망은 품지 않도록 노력하라.

24

모든 사람을
챙기려고 애쓴다

"사랑을 소생시키기보다는
무관심을 치료하기가 더 쉽다." _성 제롬

"성공의 지름길이 뭔지는 잘 모르겠어요.
하지만 실패의 지름길은 모든 사람을 다 만족시키려 하는 것입니다." _빌 코스비

등에 진 짐이 너무 무겁다고 느껴질 때, 나는 캘리포니아주의 베니스에서 만났던 한 거리의 행위예술가를 떠올린다. 그는 사슬톱을 가지고 곡예를 했다. 허공에서 무시무시한 톱을 낚아챌 때 그가 보여준 집중도에 나는 경외감을 느꼈다. 아주 조금이라도 방심했다가는 팔이 잘릴 수도 있는 일이었다.

그 곡예사처럼 나는 내가 지니고 있는 모든 역할에 하나하나 집중을 해야 한다. 남편, 아버지, 아들, 형제, 상담치료사, 친구, 교수… 어떤 면에서 볼 때 나는 곡예사보다 더 어려운 일을 하고 있다. 그는 사슬톱으로 곡예를 하지만 나는 사람들을 가지고 곡예를 한다. 나의 모든 역할들이 중요하지만 그 역할을 수행하는 데 쓸 수 있는 시간은 한정되어 있기 때문에 나는 나에게 중요한 사람들이 무시당한다는 느낌을 받지

않도록 최선을 다한다. 이것저것 할 일도 많은 사람이 모든 사람의 요구를 공정하게 들어준다는 것은 불가능한 일이다. 왜냐하면 아무에게도, 심지어 자기 자신에게도 공정하지 못한 채 끝나버릴 수 있기 때문이다. 동시에 이것저것 너무 많이 하려다 보면 자신을 소진시켜버릴 뿐만 아니라, 자신을 필요로 하는 사람들에게서 냉소와 분노를 사게 될 위험성이 있다.

"미국인들은 사려 깊지 못한 것이 사실이다. 그들은 너무 바빠서 잠시 멈춰서 자신의 가치를 돌아보지 못한다."

_ 윌리엄 랄프

핵심은 바로 지금 함께 있는 사람들이 중요한 대접을 받고 있다고 느끼게 하는 것이다. 내가 알고 있는 바쁜 사람들 중에서 이러한 곡예를 아주 잘하는 사람들을 보면, 그들은 모든 활동과 사람들에게 골고루 완전한 관심을 쏟는다. 사무실에서는 오로지 일만 열심히 하고, 집에서는 사무실 일을 잊고 배우자와 부모 노릇에만 집중한다. 어머니, 직장 상사, 회계사와 함께 있을 때는 각각 성장한 아들 노릇, 고용인 노릇, 고객 노릇을 열심히 한다. 각각의 입구와 출구가 분명하며, 거의 항상 모든 사람이 그에게 만족한다.

내가 '거의 항상' 이라고 말한 이유는 사람이 분주하게 살다 보면 사랑하는 사람에게 조금 소홀할 수밖에 없는 시기도 분명히 있기 때문이다. 만약 그런 일이 벌어진다면 나는 이렇게 말하라고 조언한다. "당신은 나의 가장 소중한 배우자입니다. 얘들아, 너희들은 나의 가장 소중한 자식들이란다. 내 직업은 나의 가장 소중한 직업이며, 나는 나의 가장 소중한 자아입니다. 만약 내가 당신을 좀 섭섭하게 했다면 잘못했어요. 미안해요. 하지만 내 인생의 모든 부분이 중요하다는 것을 이해해줘요."

그러나 설명보다는 행동을 보여야 한다. 행동을 통해서만 다른 사람을 중요하게 생각한다는 것을 보여줄 수 있다. 예를 들어 만일 당신이 약속을 지키지 않아서 어떤 위로의 말로도 당신의 아이나 배우자가 기분이 좋아지지 않는다고 하자. 이럴 때는 상대방에게 뭐라고 말을 하기보다는 먼저 무슨 행동을 보여주는 것이 더 중요하다. 사람들은 누군가가 자신의 부탁을 들어줄 때보다는 말하기도 전에 척척 알아서 소원을 들어줄 때 자신을 더 중요한 존재라고 느낀다. 아이와 축구경기를 보러 가겠다는 약속이 그러하다. 아이가 먼저 약속을 상기시켜주기 전에 "이제 조금 있으면 큰 시합이 있지? 벌써부터 기대되는구나"라고 말해준다면 결과는 아주 다를 것이다.

다른 사람들을 중요한 존재라고 느끼게 해준다면 그들은 당신의 시간을 빼앗고 있다는 느낌을 갖지 않을 것이다. 그러나 다음의 경고를 꼭 마음에 새겨두도록 하라. 첫째, 사람들에게 시간을 똑같이 나눠주려고 하다 보면 모든 이들이 혜택을 받지 못한다고 느끼게 될 수 있을 것이다. 누군가는 더 중요하고, 누군가는 덜 중요하다. 사람들이 이 사실을 알게 해야 한다. 둘째, 당신 역시 중요한 사람이다. 그러니 자신에게 투자하는 시간에 대해 죄책감을 갖지 말아야 한다. 셋째, 모든 사람이 공정하게 행동하기 위해 진지하게 노력을 하는 한, 당신과 주위의 사람들은 서로를 조금씩 봐줘야 한다. 사회가 구성되어 있는 방식, 그리고 우리가 어떤 것에 쓰는 시간의 양은 흔히 우리가 그것에 할당한 진정한 가치와는 아무런 상관이 없을 때도 많다.

사람으로 곡예를 하는 것은 사슬톱으로 곡예를 하는 것보다 육체적으로는 덜 위험할지 몰라도 역시 위험을 품고 있다. 부주의하게 다루었다가는 팔을 절단하게 되지는 않을지 몰라도 소중한 관계가 절단될 수 있기 때문이다. 그러나 사람들로 하여금 중요한 존재로 대접받는다는 느낌을 받게 한다면 지배력을 잃을지도 모른다는 두려움 없이 모든 사람을 곁에 둘 수 있을 것이다.

모든 사람에게 같은 시간을 할당할 수는 없다.
그러나 모든 사람에게 중요한 존재라는
느낌을 받게 할 수는 있다.

당신이 사람들을 얼마나 소중하게 여기는지 보여주는 한 가지 방법: 3C

- Concern(관심): 이야기 도중 방해하거나 채근하지 말고 그들의 걱정, 두려움, 좌절에 대해 귀 기울여 들어준다.

- Curiosity(호기심): 상대방이 묻기 전에 먼저 관심을 표현한다. "오늘 하루 어땠어?"라는 표현에는 그리 많은 호기심이 묻어나지 않는다. 이보다는 "오늘 회의 잘되었어?"라는 질문이 상대방의 삶에 훨씬 관심을 기울이고 있다는 느낌을 준다.

- Confidence(신뢰): 문제를 해결하는 상대방의 능력에 대해 믿음과 존경을 보여주어야 한다. 곧바로 잔소리를 늘어놓지 말고 "다음엔 어떻게 할 거죠?"라든가 "어떻게 하실지 언제 알려주실 건가요?" 하는 식으로 질문을 한다.

25

사회생활에서 필요한 '게임'에 참여하기를 거부한다

"당신 이름을 배경으로 무엇인가를 새기게 된다면, 훌륭한 사람은 당신이 이기고 진 것에 대해서가 아니라 어떻게 당신이 게임을 했는지를 새긴다." _그랜틀랜드 라이스

"당신이 직접 선택한 놀이에는 두 가지 즐거움이 있다. 하나는 이기는 것이고 다른 하나는 지는 것이다." _로드 바이런

사람들은 종종 나에게 연인, 가족, 동료들이 '게임'을 하는 것에 대해 불평을 한다. 도덕적으로 반대할 만한 이유가 있어서, 혹은 조종당하는 것이 화가 나서 게임하기를 거절하는 경우도 있다. 그러나 대개의 경우 사람들은 별로 대단하지 않은 이유로 게임을 거부한다. 그들은 자신은 게임을 할 만큼 천하지 않으며, 게임의 목표는 그들에게 중요하지 않다고 스스로에게 거짓말을 한다. 그러나 진정으로 그들이 걱정하는 것은 원하는 만큼 자신이 게임을 잘하지 못하면 어쩌나 하는 점이다.

"나는 게임을 하는 게 싫어요"라고 말하는 사람이 있다면 게임을 형편없이 하는 사람을 보여주겠다. 그 좋은 예로 베스라는 이름의 화학업체 영업사원이 있었다. 그녀는 경쟁심도 강하고 노력도 많이 했지만,

자신이 열망하는 수준까지 성공하지는 못했다. 그 수준까지 도달한 동료들에 대해서 그녀는 "그들은 게임을 해요. 시시한 사람들이죠. 아첨이나 하고 형편이 좋은 쪽으로 가서 달라붙어요. 나는 그런 사기꾼 같은 행동을 참을 수가 없어요. 안 그랬다면 그 사람들 자리에 내가 있을 거예요"라며 조롱하곤 했다.

베스는 사실 자신은 그럴 만큼 시시한 사람이 아닌 척했다. 화학을 공부한 그녀는 더 많은 봉급을 받을 수 있을지 모른다는 이유 때문에 영업직을 택했지만, 자신의 과학적 전문성이 그다지 충분하지 않다는 사실도 알고 있었다. 그녀는 사람들 사이에서 어색한 상태로 지냈다. 사람들은 그녀와 함께 있으면 불편해했다. 그러나 그녀는 일이라는 바퀴에 윤활유가 될 사교술을 기르기보다는 혼자만 정의로워짐으로써 사람들을 더욱 소외시켰다.

> "인생이란 반드시 참여해야만 하는 게임이다."
> _ 에드윈 알링턴 로빈슨

할 가치가 없는 게임들도 분명 있다. 남을 해하는 것이 목적인 게임, 남을 속이고 심하게 경쟁적일 것을 요구하는 게임, 졌을 때의 벌칙이 과도한 게임 등이 그것이다. 그런 게임을 하면 자존심이나 평판에 상처를 입게 된다. 친구를 잃게 될 것이고, 자신이 남들에게 했듯이 남들도 자신에게 교활하게 행동할지 모른다고 생각하는 망상증을 갖게 될 수도 있다. 그리고 죄책감에 시달린 양심은 언젠가는 속죄를 요구할 것이다.

그러나 남에게 해를 끼치지 않을 뿐만 아니라 우리의 삶을 향상시키는 가치 있는 게임들도 많다. 내가 들었던 가장 좋은 사례는 아이리스와 헨리 맥카버 부부가 55년의 결혼생활 동안 행한 게임이었다. 헨리가 모르핀 주사를 꽂은 채 병원 침상에서 죽어가고 있을 때, 아이리스는 한결같이 그의 곁을 떠나지 않았다. 그러던 어느 날 그녀는 남편의 손등을 쓰다듬으면서 "한 가지 고백할 게 있어요"라고 속삭였다. "요즘 나는 정말 당신에게 푹 빠져 있어요. 나는 항상 당신을 원했지만, 당신이 나를 쫓아다니는 것을 얼마나 좋아하는지 알았기 때문에 잡히지 않으려고 노력했죠."

그러자 헨리는 남은 힘을 모아 미소를 지으며 "바로 그 이유 때문에 내가 당신을 사랑하지"라고 말했다.

어떤 경우에도 정직해야 한다고 생각하는 사람들도 작은 게임들의 아름다움은 배울 필요가 있다. 궁극적으로 중요한 것은 게임에서 이기느냐 지느냐가 아니라 그 게임이 할 만한 가치가 있느냐 없느냐이다. 공정하지 않은 방법으로 남들을 이용하는 게임은 "가는 말이 고와야 오는 말이 곱다"라는 속담을 확인시켜줄 것이다. 가치 있는 게임은 사람을 이용하는 것이 아니라 기회를 이용하며, 분명하고 명백한 규칙이 있다. 그리고 누군가 이기기 위해서는 반드시 다른 누군가는 져야 하는 제로섬 게임이 아니다.

> 게임에 대한 가장 좋은 방어는
> 게임을 하지 않는 것이 아니라
> 게임을 잘하는 것이다.

- 자신이 게임에 참여하기를 망설이고 있다고 생각되면, 하고 싶지 않아서인지, 하는 방법을 몰라서인지를 확인하라.

- 게임을 하고 싶지 않다면, 왜 그런지 스스로에게 물으라. 답이 만족스럽다면 게임은 하지 않아도 된다.

- 게임을 하기로 결정한다면, 게임을 잘하기 위해서는 어떻게 해야 하는지 알아내라. 한 가지 방법은 게임에서 잘 이기는 사람이 어떻게 하는지를 보고 배우는 것이다.

- 규칙을 배워라. 사람들 간의 게임이든, 제도적 게임이든, 게임의 규칙이 표현되지 않는 경우가 있다. 규칙을 알아내면 게임의 절반은 이긴 셈이다.

- 자신의 능력을 파악하라. 그 게임을 잘하는 데 필요한 능력을 가지고 있는가?

- 상대편을 알아라. 당신의 적은 누구인가? 당신의 동맹자는 누구인가? 당신은 누구를 믿을 수 있는가?

● 냉정을 지키는 방법을 배워라. 예상치 못한 일에 직면했을 때 너무 긴장하면 게임에서 질 수 있다. 적절한 시기에 잠시 멈추어 냉정을 되찾는 기술을 익히고 활용할 필요가 있다.

● 자신의 한계를 알아라. 게임을 그만둬야 할 정도까지 자신의 위신을 낮춰야 할 만한 측면이 그 게임에 있는가?

26 좋은 인상을 주기 위해 꾸며서 행동한다

"무엇보다 자신 자신에게 진실하라.
그러면 낮이 지나면 밤이 오듯이 당신은 어떤 누구에게도
거짓될 수 없을 것이다." _셰익스피어

"또 다시 사랑과 미움의 관계로 향해가고 있는 것 같아요"라고 캐롤은 말했다. "나는 그를 사랑하는데, 그는 나를 미워하는 그런 관계 말이에요."

캐롤은 34세의 성공한 사진작가로, 타인에게 양보하며 겸손하게 살아야 한다고 배우며 자랐다. 그녀는 남을 통제하기 좋아하고 자기 자신에게만 관심 있는 남자와 결혼을 했다가 이혼을 했다. 그런데 다시 그와 똑같은 성향의 남자와 데이트를 하고 있다는 사실을 깨달은 것이다. "그들은 내가 그들에게 관심을 보이는 정도까지만 나한테 관심을 보여요"라고 그녀는 말했다. 그녀는 이제는 자신을 배려해줄 수 있는 남자를 찾기로 결심했다. 그리고 최근에 마음에 드는 남자를 한 사람 만났다. 그러나 첫 번째 데이트에서 그녀는 또 동일한 패턴으로 빠져

들고 있음을 알았다. 폴은 주로 자기 자신에 대해서만 말을 했고, 함께 할 일들에 대한 모든 결정도 자신이 내렸다. 그리고 캐롤은 뒤로 물러서 있었다. 그녀는 자신의 의견을 표현하지 못한 채 폴의 제안을 모두 받아들이기만 했다.

"우리 안에 거짓된 것은 결국 우리를 배반한다."

_ 조지 메러디스

캐롤과 마찬가지로 우리는 모두 관계의 초기에 발을 잘 들여놓으려고 노력한다. 상대에게 좋은 인상을 주고 싶어서 예의범절에 신경을 쓰고, 자신의 결점과 약점을 숨기려고 노력한다.

남자들은 보통 자신이 결점이 많으며 소유욕이 강하다는 사실은 숨기고 능력이 있다는 인상을 주려고 노력한다. 그들은 자신을 매우 분별 있는 사람으로 보이게 하려고 노력하며, 자신이 상처받을 수 있다는 사실을 숨기려 한다. 자신이 상처받을 수 있다는 것을 인정하는 것은 약하다는 것과 다름없기 때문이다. 반면, 여자들은 남자들이 위협을 느낄까봐 자신의 강점과 업적을 축소하는 경향이 있다. 그들은 그런 자질 때문에 남자들이 자신을 멀리할까 염려한다. 그리고 요구하는 것이 많다는 인상을 줄까봐 노심초사한다. 그래서 캐롤이 그랬듯 순응하는 유형의 사람으로 보이려고 노력한다.

그러나 어느 관계에서나 양쪽 모두 경계를 늦추게 되는 때가 오기 마련이다. 그때가 되면 숨겨진 결점과 불완전함이 조금씩 드러나기 시작한다. 서로를 숨겨온 기간이 길수록 서로가 받는 충격은 더 강하며, 관계에 대한 파괴적 영향력도 더 크다.

문제는 그런 상황에서 바람직하지 않은 태도를 취함으로써 상황이 더 악화된다는 사실이다. 즉, 상대가 나를 배려하지 않고 상처를 주는 것을 아무 말 없이 그냥 허용하는 것이다. 상대방의 책임을 물으면 요구하는 것이 많은 사람처럼 보일지 모르고, 그 때문에 상대가 나에게서 멀어질까 두려운 것이다. 상대의 말이나 행동을 받아들이기 힘들다는 것을 표현하지 않으면, 불행히도 그런 말과 행동이 상대의 습관이 될 수 있다. 그렇게 되면 우리의 마음속엔 분노가 쌓이게 되고, 결국 어느 순간 과잉반응을 보이게 된다. 그러면 우리는 짜증이나 내는 관대하지 못한 사람으로 보이게 된다.

캐롤에게도 말했듯이, 관계를 맺을 때는 가능한 한 일찍 자신을 드러내는 것이 중요하다. 그렇지 않으면 상대방은 실제의 당신과는 다른 당신을 좋아하게 될 것이며, 그런 오해는 결국 문제를 초래할 것이다. 친밀함은 신뢰 위에 쌓이는 것이다. 자기 자신을 드러낼 수 없을 정도로 상대를 신뢰하지 못한다면, 두 사람은 친밀해질 수 없다. 또한, 거짓 삶을 사는 사람은 약한 인상을 주게 된다. 캐롤의 경우, 그녀가 기쁘게 해주려고 노력한 남자들은 하나같이 그녀를 존중하지 않았다. 그것은 그녀 자신도 마찬가지였다.

나는 그녀에게 "지금, 폴은 당신이 만들어놓은 관계를 좋아해요. 그러나 진정한 당신의 모습을 그가 좋아하게 되면 당신은 기분이 더 좋을 거예요"라고 말해주었다. 그리고 자신은 자기중심적인 남성을 그냥 참아주는 여성이 아니라는 것을 보여줄 방법을 찾아보라고 충고했다. 폴이 그것을 받아들이지 못한다면, 그는 캐롤에게 적당한 남자가 아닌 것이다.

"우리가 동료에게 할 수 있는 최상의 맹세는
'영원히 우리 둘 사이에는 진실만이 있기를' 이다."

_ 랄프 왈도 에머슨

캐롤은 무척 창의적으로 그 과업을 해내서 두고두고 나로부터 찬사를 받았다. 다음 데이트에서 저녁을 먹을 때, 폴은 자신의 사업에 대해 종잡을 수 없는 이야기를 늘어놓고 있었다. 캐롤은 수수께끼 같은 미소를 지으며 그런 그를 쳐다보았다. 궁금해진 그는 "당신 지금 무슨 생각을 하고 있소?"라고 물었다. 캐롤은 "당신이 바보인지 아닌지 알아내려고 하는 중이었어요"라고 말했다. "만약 당신이 바보여도 우리는 친구로 남을 수 있어요. 저는 처음부터 분명한 것을 좋아해요." 폴은 편하게 웃으면서 "다른 사람에게 좋은 인상을 주려고 할 때 나는 심하게 자기중심적이 되는 것 같아요"라고 말했다. 그러자 캐롤은 "괜찮아요. 나도 사실은 심술궂은 여자일 수 있거든요"라고 말했다.

캐롤은 자신이 바보를 그냥 참아내지 않는 자신감 있는 여성이라는 점을 유쾌하게 보여준 것이다. 그런 그녀의 행동은 폴로 하여금 그녀를 존중하게 만들었음은 물론이고, 그의 관심을 불러일으켰다. 그의 다음 말은 "그렇다면 이제 시작이네요. 나는 당신에 대한 모든 것을 알고 싶어요"였다. 그녀의 솔직함이 폴로 하여금 긴장을 풀고 진정한 자신의 모습을 드러내게 하는 바람직한 결과를 가져온 것이다.

> "진실은 매우 드문 것이다.
> 그래서 그것을 말하는 일은 유쾌하다."
> _ 에밀리 디킨슨

다음에 또 자신이 거짓된 태도를 취하고 있다고 생각되면, 당신의 실제 모습이 아닌 꾸며진 모습을 좋아하는 사람과 함께 있기를 원하는 이유가 무엇인지 스스로에게 물어보라. 그러나 자신의 참된 모습도 너무 일찍, 너무 많이 드러내면 상대방이 부담을 느끼고 떠날 수도 있다는 사실도 명심해야 한다. 내가 상담한 사람 중 한 사람은 매력적인 남성을 만나면 곧바로 자신이 관계에서 추구하는 것이 무엇인지 열거함과 동시에 자신의 인생에 대해서 쏟아내곤 했다. 그래서 남자들은 데이트를 하는 것이 아니라 오디션장에 와 있다고 느꼈다. 반면, 진실을 드러내기까지 너무 오래 기다리면 긴장이 누적될 수 있고, 거짓 행동이 끝났을 때는 상대방이 분노를 느낄 수도 있다. "의심이 들 때는 진실을 말하라"라는 마크 트웨인의 말은 정말 옳았다. 그러나 코미디에서도 그러하듯, 진실을 말할 때는 타이밍이 정말 중요하다는 사실을 잊어서는 안 된다.

진실을 먼저 드러내라.

- 관계를 형성하는 초기부터 자기 자신의 모습 그대로 행동하라. 있는 그대로의 당신을 좋아하지 않는 사람과 사귈 이유는 없지 않은가?

- 퉁명스럽지 않은 방식으로 정직하게 행동하라. 요구를 하거나 최후통첩을 하는 듯한 인상을 주지 말고 자연스럽게 당신의 욕구와 바람, 좌절을 표현하라. 가령, "당신이 대화를 하자고 말하고는 정작 당신 마음에 안 드는 말을 한다고 끼어들 때 나는 참 속상해요"라고 말이다.

- 문제를 공유하고자 할 때, 상대방이 당신을 동정하게 만들거나 당신의 문제에 대해 상대방이 책임감을 느끼게 만들지 마라.

- 스스로 자랑스러워하는 부분에 대해서 말할 때는 거만하게 들리지 않도록 하라.

- 누군가의 행동에 대해 인정할 수 없는 부분을 표현할 때는
  a. 그 사람의 긍정적인 점을 먼저 말하라.
  b. "당신이 ~할 때 나는 화가 나요"라는 식으로, 상대를 판단하지 않는 표현을 사용하라.
  c. 그 사람을 화나게 하는 당신의 행동에 대해서도 이야기를 나누어라.

- 일단 당신의 진실을 드러내보였다면, 계속 그런 관계를 유지하도록 노력하라. 늘 상대방을 정직하게 대하는 습관을 들이는 데에도 적지 않은 인내심이 필요하다.

27

패배감에 사로잡혀 남을 시기한다

"시기하지 않고 성공한 친구의 명예를 기념하는 것은
아무나 가질 수 있는 인격이 아니다." _애스킬루스

스티븐 크레인(Stephen Crane, 1871~1900, 미국의 소설가―옮긴이)의 소설 《붉은 무공 훈장(The Red Badge of Courage)》에 등장하는 주인공은 부상당한 군인의 가슴에 달린 '용기를 나타내는 빨간 휘장'을 시기한다. 전장에서 죽어가는 사람들처럼 자신의 몸이 찢겨나가기를 바라는 것은 자기파괴적인 태도이다. 그러나 다른 사람의 성공, 지위, 행운, 잘생긴 외모 등 자신이 갖지 못한 것을 시기하는 것 역시 패배적인 태도이다. 시기는 스스로를 부끄럽게 여기게 만들기 때문이다.

우리들 대부분은 우리가 갖고 싶어하는 것을 다른 사람이 가졌더라도 그 사람이 잘 되기를 빌어야 한다고 생각한다. 그래서 자신이 원하는 것은 다른 사람도 갖지 못하기를 바라고 있음을 깨달을 때, 우리는 스스로를 부끄럽게 여기며 미워하게 된다. 또한 남들은 가졌지만 나는 갖지 못한 것을 계속해서 생각하다 보면 우리 자신의 눈에도 우리가 하찮아 보이게 된다. 그렇게 자신이 무언가를 박탈당했다고 생각하는 사람과 친해지거나 함께 일하고 싶어하는 사람은 거의 없다. 결과적으로 남을 시기하다 보면 자신의 가치를 잊고 결핍감에 시달리게 되고, 그러다 보면 실제로 결핍될 수밖에 없다. 그리고 실제로 무언가 박탈당하지 않았을 때에도 박탈의 고통을 느끼게 된다. 불행하다는 생각이 우리 의식의 너무 많은 부분을 차지하면, 행복의 필수 구성요소라고 할 수 있는 만족감과 충족감, 혹은 감사의 마음을 갖는 것이 불가능해진다. 그런 마음이 박탈된 삶이란 아닌게 아니라 황폐한 것이다.

다행히도, 남을 시기하는 것이 치명적인 병은 아니다. 내 경험에 비추어볼 때 시기심을 극복하는 가장 효과적인 방법은 자신이 열망하는 바로 그것을 가진 사람들과 함께 시간을 보내는 것이다. 이 말은 표면적으로는 이상하게 들릴 수도 있다. 상대적으로 내가 우월하며 운이 좋다고 느낄 수 있는 사람들과 시간을 보내는 것이 시기심을 물리치는 더 쉬운 방법이 아닐까? 그렇다. 하지만 그건 임시방편일 뿐이다. 그 반대의 방법이 두 가지 측면에서 치료의 효과를 갖고 있다.

첫째로, 자신이 시기하는 사람을 알게 됨으로써 자신이 열망하는 부분만이 아니라 그들의 삶 전체를 볼 수 있게 된다. 그리고 그들도 당신이 상상하지 못한 결점과 약점—질병이나 불행한 결혼, 소외된 자녀, 많은 적 등—을 갖고 있다는 사실을 알게 될지도 모른다. 그리고 당신이 경험한 것 이상으로 많은 도전과 어려움을 견뎌내야 했다는 것을 알게 될지 모른다. 심지어 그들도 당신을 시기하고 있다는 사실을 알게 될 수도 있다.

나는 다섯 명의 여성으로 이루어진 상담치료 그룹에서 바로 그런 사례를 목격한 적이 있다. 그 가운데 한 사람이었던 린다는 부유하고 아름다웠다. 나머지 여성들은 비록 숨기려고 애는 썼지만 엄청나게 그녀를 시기하고 있었고, 그로 인해 린다는 불편해했다. 어느 날, 여성들 중 한 명이 린다의 머리 모양에 대해서 떠들어대고 있었다. 그러자 "자, 이거 당신 가져요"라고 말하며 린다는 머리에서 가발을 벗겨서 여자들에게 던졌다. 그녀는 암 화학치료의 부작용으로 머리가 다 빠졌던 것이다. 순간, 린다가 가진 것을 부러워하던 여성들은 린다는 거꾸로 그것이 없었으면 하고 바라고 있었다는 사실을 깨달았다.

> "부자란 누구인가?
> 자신의 몫에 기뻐하는 자이다."
> _탈무드

당신이 시기하는 사람과 친해져야 하는 두 번째 이유는 그들에게서 배울 수 있기 때문이다. 마치 우라늄 원자처럼, 시기심은 때에 따라 파괴적인 힘으로, 또는 건설적인 힘으로 전환될 수 있는 에너지를 갖고 있다. 그것은 당신을 불평불만으로 가득 찬 사람으로 만들 수도 있고, 경쟁력 있는 사람으로 만들 수도 있다. 시기심은 당신 내부에 틈을 만들어낸다. 그곳에 빠지면 당신은 뒤로 후퇴하게 된다. 그러나 그 틈을 건설적인 행동으로 채우면 시기심은 당신을 앞으로 밀고 나갈 것이다.

먼저 자신이 시기하는 것을 얻기 위해서 필요한 자질과 취해야 할 행동을 확인해야 한다. 시기하는 것이 물려받은 재산이라든가 선천적인 외모라든가 복권에 당첨되는 것 같은 행운이라면, 당신이 할 수 있는 일은 별로 없다. 그러나 부러워하는 것이 특정한 분야에서의 성공이라면, 성공한 사람을 연구하라. 그리고 그가 어떻게 그것을 이루었는지 알아내라. 그들은 당신도 획득할 수 있는 기술이나 훈련, 혹은 특성을 가지고 있는가? 당신이 받아들일 수 있는 철학이나 가치관을 가지고 있는가? 당신이 모방할 수 있는 계획을 가졌는가? 내 경험으로 보건대, 남들로부터 부러움을 사는 사람들은 그렇지 못한 우리들과 그리 많이 다르지 않다. 그들에 대해서 알고 나면 '나도 저럴 수 있으면…' 이 아니라 '나도 할 수 있어' 라고 느끼게 된다.

   시기심을 행동으로 변화시키기에 앞서서 시기심을 스스로 인정할 수 있는 감정으로 전환시켜야 한다. 첫 단계는 당신이 느끼는 적의를 모두 없애는 것이다. 당신이 원하는 것을 상대방이 잃게 되기를 바라는 생각을 버려라. 그래야 다음 단계인 '찬탄'으로 나아갈 수 있다. 상대가 가진 것을 보고 당신 자신과 관련시키지 말고, 그 사람의 성취나 행운을 찬탄하는 방법을 배워라. 누군가를 찬탄할 수 있으면, 자신이 덜 가졌다고 느끼지 않고도 그 사람이 더 많이 갖는 것을 허용할 수 있다. 그리고 마지막에는 찬탄에서 경쟁으로 나아가라. 그 사람을 부러워하게 만든 자질들을 스스로도 계발함으로써 당신도 자신을 자랑스럽게 여길 수 있다. 그리고 시기심을 벗어버릴 수 있다. 자긍심과 시기심은 동시에 느낄 수 없는 감정인 것이다.

시기심을 자신을 계발할 연료로 활용하라.

- 당신이 남을 시기하고 있다는 사실을 깨닫는 순간 잠시 멈추어라. 그때, 충동적으로 자신을 해하는 행동이나 태도를 취하지 마라.

- 다른 사람에 대해 뿌리 깊은 증오를 갖고 있다고 해도, 자신이 악한 것이 아니라 다만 박탈감을 느끼고 있을 뿐이며, 가능한 그 고통을 줄이려 노력하고 있음을 스스로에게 상기시켜라.

- 자신이 시기하는 사람과 친구가 되어라. 그 사람의 삶의 진실을 알아내라. 당신이 상상하는 것보다 부러워할 게 많지 않다는 사실을 알게 될지 모른다.

- 그 사람이 가진 것을 부러워만 하는 대신, 그 사람을 인정하고 찬탄하려고 노력하라.

- 당신이 부러워하는 것을 그 사람이 가질 수 있게 된 자질과 능력이 무엇인지를 밝혀내라.

- 그 자질과 능력을 당신의 것으로 만들기 위해 어떤 노력을 해야 할지를 생각하라.

28

스스로를 불쌍하다고 생각한다

"때로 나는 자기연민에 빠져 이리저리 헤메고 다닌다.
 그동안 거대한 바람은 줄곧 나를 품고 하늘을 가로지른다." _오지브와의 시에서

"양손을 맞잡은 채 소매를 걷어 올릴 수는 없다." _팻 슈뢰더

멜린다는 힘든 결혼생활을 개선하려고 7년 동안이나 노력했지만, 결국 남편은 새로운 여자 때문에 그녀를 떠나고 말았다. 그리고 5년이 지난 후까지도 그녀는 괴로움에 젖어 있었다. 그녀가 긍정적인 방향으로 나아갈 수 있도록 도우려고 애썼음에도 불구하고, 그녀는 상담 시간의 대부분을 자신의 팔자를 한탄하며 보냈다. 그녀는 흐느껴 울면서, 자신이 인생의 전성기를 어떻게 낭비해버렸는지, 끝이 보이는 일에 어떻게 매달리게 되었는지, 아무도 마흔이 된 어머니를 원하지 않을 것이며 좋은 남자들은 모두 동성애자이거나 이미 결혼한 사람이기 때문에 자신은 여생을 홀로 보낼 운명에 처하게 되었다든지.

"기쁨을 찾아 나설 때나 슬픔을 찾아 나설 때나 여행은 똑같다."

_ 유도라 웰티

멜린다는 계속해서 자신의 컵을 반이나 차 있는 것이 아니라 반이 비어 있는 상태로 보았다. 자신이 처한 상황에서 행복할 수 없다고 스스로에게 설득하고 있었기에 그녀는 비참할 수밖에 없었다. 내가 제안한 두 가지를 따라하면서 비로소 그녀는 상황을 반전시킬 수 있었다. 첫째, 폭행당한 여성들을 위한 쉼터에서 자원봉사를 하면서 그녀는 상대적으로 자신의 고통을 하찮게 볼 수 있게 되었다. 둘째, 그녀는 이혼자 그룹에서 자신과 똑같은 상황을 극복해낸 여성들을 만났다. 그들은 그녀가 겪고 있는 고통을 이해해주었지만, 스스로를 불쌍하게 생각하는 태도는 참아주지 않았다. 그녀는 나와 결혼한 친구들에게 했듯이 "당신이 그렇게 말하는 것은 쉽겠지요"라는 말로 그들의 조언을 간단히 무시할 수 없었다.

자신에게 연민을 느끼는 것은 이제 흔한 병이 되었다. 멜린다처럼 버림 받은 여성, 아이를 못 갖는 부부, 공정한 기회만 가졌더라면 성공했을지도 모르는 사람, 해고당한 노동자 등이 자기연민에 빠질 수 있다. 또한 알코올중독 부모 밑에서 자란 자녀나 아동 학대의 희생자, 부모가 지나치게 방치했거나 역할모델이 되어주지 못했던 경우, 혹은 부모가 교통사고로 죽었거나 하는 사람들도 자기연민에 빠질 수 있다. 이런 아동기의 상처 외에도 질병이나 사랑하는 사람의 죽음, 혹은 재정적인 파탄과 같은 최근의 비극도 그 이유가 될 수 있다. 뚱뚱하다거나, 못생겼다거나, 육체적으로 장애를 지닌 것 등 바꿀 수 없는 특성이 그 원인일 때도 있다. 어떤 사람들은 만성적으로 자신을 불쌍히 여긴다. 그들은 상황이 변할 때마다 자신을 동정할 새로운 이유를 찾아낸다. "만일 …하기만 하다면"으로 시작하는 수많은 말들을 들어왔기 때문에 나는 그런 사람들을 쉽게 알아볼 수 있다.

자신을 딱하게 여기는 것은 일시적인 위로가 될 수 있다. 자신의 상처를 핥는 것과 마찬가지로, 그것은 고통을 더는 한 가지 방법이 되며, 슬픔이나 공포와 같은 더 끔찍한 감정으로부터 벗어날 수 있게 해준다. 또한 남들 앞에서 자기연민을 표현하면 도움을 요청하는 것이 될 수도 있고, 스스로의 책임을 면하는 방식이 될 수도 있다.

그러나 그 대가에 비하면 얻는 것은 미미하다. 첫째로, '비통은 나의 것'이란 태도는 희망과 양립할 수 없다. 자신을 연민하다 보면, 삶을 더 낫게 바꾸는 데 쓸 수 있는 에너지를 허비하게 된다. 과거에 집착하고 있는 한, 어떻게 하면 더 나은 미래를 만들어나갈 수 있을지를 생각하기란 불가능하다. 그리고 남들의 연민을 얻는 것이 위로가 될 수도 있겠지만, 그들은 결국 당신에게 지칠 것이고, 당신을 존중하지 않게 될 것이다. 그래서 당신을 피하거나 당신에게 냉담해질 것이고, 심한 경우 당신에게 적대적이 될 수도 있다.

자기연민은 스스로를 먹고 자란다. 스스로를 동정하다 보면 상황은 더 나빠지기 마련이고, 결국 스스로를 동정할 더 많은 이유들이 생기게 된다.

"자신이 가진 것에 만족하고, 세상을 있는 그대로 즐겨라.
부족한 것이 없다는 것을 깨달으면
세상 전부가 네 것이 될 것이다."

_노자

　이런 자기파괴적인 덫에 걸려들었다면, 자신에게 새로운 관점을 줄 수 있는 상황을 찾아내야 한다. 이를테면, 진정으로 동정을 받을 만한 사람들과 시간을 보내거나, 당신의 불평이나 한탄을 듣는 것이 힘든지 솔직하게 말해달라고 친구에게 부탁하거나, 지원그룹에 참여하는 것이다.
　당신은 상황을 악화시키는 것에서 상황을 인정하는 것으로, 불평불만과 한탄을 늘어놓는 것에서 감사하는 것으로 180도 변화할 필요가 있다. 그렇지 않으면 절반이 비어 있는 잔은 머지않아 완전히 텅 비게 될 것이다.

**계속해서 스스로를 불쌍하다고 생각한다면
정말로 불쌍한 사람이 될 것이다.**

- 언제 스스로를 불쌍하다고 느끼는지를 인식하도록 하라.

- 자신을 불쌍하게 여기는 것은 엄청난 시간과 에너지의 낭비임을 깨달아라.

- 자신보다 더 불행한 사람을 위해 일을 하라. 그러면 자신이 받은 은총을 인식하게 될 뿐만 아니라, 자긍심을 느끼게 될 것이다. 자긍심과 자기연민은 동시에 느낄 수 없는 감정이다.

- 자신의 인생에서 감사할 만한 것들을 열거해보라.

- 희망했던 것보다 더 좋은 결과를 낳은 상황들을 열거해보라.

- 지금까지 당신을 도와주었던 사람들을 찾아서 그들에게 고마움을 표현할 방법을 찾아라.

- 당신이 스스로를 불쌍하게 여기는 바로 그 이유로 다른 사람들도 그들 스스로를 불쌍하게 여긴다면, 지원그룹에 참여하라. 무기력감을 강화하는 그룹이 아니라 그 문제를 극복하고 앞으로 나아

가려는 노력을 지원해주는 그룹을 찾아라. 그런 그룹에서 구성원들과 고통을 함께 나눌 수 있을 것이고, 미래를 위해 희망과 계획을 논의할 수 있을 것이다. 적절한 그룹을 찾기가 어렵다면, 다른 사람들에게 당신의 바람을 표현하라. 당신과 같은 문제를 극복하고자 애쓰는 사람들이 당신 주변에 모여서 그룹이 만들어질 수도 있다.

29

어려운 길이
옳은 길이라고 생각한다

"자신에게 지나치게 어려운 일을 하려 들지 마라.
자신의 능력 이상의 일을 하려 애쓰지도 마라." _아포크리파

폴이 처음 나에게 상담을 받으러 왔을 때, 나는 그가 지나친 학업 요구량을 따라가느라 분투하고 있는 대학원생일 것이라고 생각했다. 그는 기운이 없고 의기소침한 상태였고, 두통과 불면증으로 괴로워하고 있었다. 그는 휴학을 하는 게 어떻겠냐는 나의 제안에 대해 발끈하며 말했다. "나는 중간에 포기 안 해요. 난 참을 수 있어요. 약물치료만 조금 받으면 될 거예요." 그러나 사실 그는 사고방식에 대한 총체적인 정밀 검사가 필요한 상태였다.

그를 알아갈수록 나는 그가 학업으로 스트레스를 받는 여타의 학생들과 다르다는 사실을 알게 되었다. 한 가지를 예로 들면, 언젠가 건축가가 되겠다는 그의 목표는 그의 가슴속에서 그리 뜨겁게 불타오르고 있지 않았다. 그뿐 아니라 그는 학부 시절에 과학과 수학—건축가가

되기 위해 가장 중요한 과목—을 열심히 공부했으며, 그 외의 과목도 다른 학생들보다 두 배는 열심히 공부했다. 그가 그렇게 열심히 노력한 이유는 무엇이었을까? 그것은 그가 가치 있는 일은 쉽게 얻어지지 않으며, 공부든 일이든 열심히 할 때만 가치가 있다고 배우며 자랐기 때문이었다. 그의 아버지와 어머니는 사업을 하면서 밤낮없이 열심히 일을 하는 사람들이었고, 그의 형 또한 변호사가 되기 위해 열심히 공부했다. 중도에 포기하고 싶다는 생각이 들 때마다 폴은 수치심에 사로잡혔고, 그럴수록 더 가혹하게 자신을 채찍질했다.

마음을 조금 편하게 가지려면 어떻게 해야 할지를 의논하다가, 나는 그가 시간이 나면 무조건 고등학교 시절의 농구 코치 선생님을 도와주면서 시간을 보낸다는 사실을 알게 되었다. 폴은 코치 선생님을 돕는 일을 무척 좋아했고, 더 많은 시간을 코치 선생님을 도우며 보내고 싶어했다. 알고 보니 그 자신이 뛰어난 농구 선수였을 뿐 아니라, 농구에 대한 열정이 대단했고, 경기에 얽힌 복잡한 사항들을 철저히 꿰고 있었으며, 선수들을 가르치고 동기를 부여하는 재능이 뛰어난 사람이었다. 즉, 그는 훌륭한 코치가 될 자질을 갖추고 있었다. 사실 그는 농구 코치 자리를 제안받은 적도 있다고 했다. 내가 그에게 왜 그 제안을 거절하고 대학원에 갔느냐고 물었을 때, 그의 대답은 나를 놀라게 했다. 농구 코치는 많은 돈을 벌게 해주거나 명예를 얻게 하는 일이 아니기 때문이었다는 것이다.

어린 선수들을 가르치는 일은 그가 노력하지 않고도 가장 잘할 수 있는 일이었다. 그가 생각하기에 그런 일은 직업이 아니라 취미에 그쳐야 하는 것이었다. 하기에 즐겁거나 하기 쉬운 일은 직업이 될 수 없다는 것이 그의 생각이었다. 그는 일이라는 것은 힘들고 어려워야 한다고 생각했다. 그렇지 않으면 부정한 일을 하는 듯 느껴질 거라고 했다.

나는 그에게 자신이 좋아하는 일을 하지 않으면 오래 지나지 않아 만성적으로 우울하고 피로한 상태에 빠질 거라고 말해주었다. 그리고 농구 코치가 되는 것을 진지하게 생각해볼 것을 제안했다.

"하지만 그건 너무 손쉬운 해결책이잖아요." 그가 항의했다. 나는 오래 전에 나의 인생을 바꿔놓았던 말로 받아쳤다. "때로는 쉬운 방법이 옳은 방법이기도 해요."

우리 사회는 힘들게 노력하고 일하는 것을 너무나 중요하게 여기기 때문에, 즐겁거나 편안한 일을 선택할 때면 스스로를 게으르게 느끼거나 중요한 것을 회피하고 있지는 않은지 생각한다. 어떤 일이 너무 쉽게 이루어지면 우리는 의심을 한다. 답이 너무나 뻔해 보이는 질문을 받았을 때처럼 뭔가 함정이 숨어 있는 것은 아닌가 생각하는 것이다. '이거 속임수 아니야?'

> "너무 쉬운 일이란 것은 없다.
> 하지만 그 일을 마지못해서 할 때 그 일은 어려워진다."
> _ 푸빌러스 테렌티우스 아퍼

그런 생각은 당신에게 가장 큰 만족을 가져다줄 수 있는 바로 그 행동으로부터 고개를 돌려버리게 할 수 있다. 대신에 당신은 '진정한 일'이라고 생각되는 것을 택한다. 그 일은 대개 지루하거나 어려운 일이다. 그리고 그 일에 실패하면 당신은 스스로를 무력한 사람이라고,

자신이 하는 일이 무엇인지도 모르는 사람이라고 꾸짖는다. 하지만 진정한 문제는 자신이 하고 있는 일을 사랑하지 않는, 혹은 좋아하지 않는 것이다. 부족한 것은 기술이나 지식이 아니라 '열정'인 것이다. 물론 좋아하지 않는 일이라도 잘 해낼 수는 있다. 하지만 그것이 가능한 것은 짧은 기간 동안뿐이다. 일에 대한 열정이 없다면 사소한 장애물만 나타나도 포기하게 된다. 하지만 자신이 하는 일을 진정으로 좋아한다면 이겨내고 버틸 수 있다.

"자신을 기쁘게 하는 것을 따르라."
_ 조셉 캠벨

책임을 남들에게 위임하는 데 어려움을 겪는 사람들에게서 흔히 이런 특성을 발견할 수 있다. 일레인은 성공한 기업가였는데, 자신이 싫어할 뿐 아니라 어렵게 느끼는 세세한 관리업무까지 직접 처리하느라 녹초가 되도록 일을 했다. 그녀는 관리업무보다는 사람들을 다루는 데 재능이 있었다. 고객들이나 업자들과 대화를 나누고, 그들의 호감을 사고, 그들을 설득시키는 것은 그녀에게 아주 수월한 일이었다.

사실 그런 일은 너무나 쉬웠기 때문에 그녀는 그 일이 별로 중요하지 않다고 생각했다. 그리고 관리와 재무의 세세한 일까지 직접 처리하지 않으면 제대로 된 사업가가 될 수 없을 거라고 생각했다. 그래서 그런 일들을 어렵고 지루하게 느끼면서도 부하직원들에게 맡기지 않고 직접 처리하느라 많은 시간을 보냈다. 그것은 그녀의 진정한 능력을 손상시키는 일이었을 뿐 아니라, 자신을 무능력하다고 느끼게 했다. 그녀는 그 일들을 그리 잘 해내지 못했기 때문이다. 또한 그 일이 너무 싫어서 안이하게 처리하기 시작했기 때문에 죄의식까지 느끼고 있었다.

 어떤 일을 시작했는데 그 일이 너무 쉽게 풀리고 재미있다고 해서, 그 일을 열심히 하고 있지 않은 것은 아님을 기억하라. 그렇게 느껴질 뿐이지 실제로 그런 것은 아니다. 그리고 사람들이 당신을 어리석거나 게으른 사람이라고 해도 귀담아 듣지 마라. 그들은 자신들이 하는 일을 좋아하지 않기 때문에, 좋아하는 일을 즐겁게 하고 있는 당신을 질투하는 것뿐이다.

> 때로는 쉬운 길이
> 옳은 길이기도 하다.

- 일이 재미있고 쉽게 풀린다고 해서 죄의식을 느껴서는 안 된다. 그렇다고 해서 당신이 무책임하거나 게으르다는 뜻은 아니기 때문이다.

- 당신이 좋아하는 일을 의미 있는 취미나 일, 혹은 직업으로 만들 수 있는 방법을 찾아라.

- 지금 자신이 하고 있는 일에 대해서 좌절감과 회의가 느껴진다면, 자신에게 맞으며 쉽게 할 수 있는 일을 하지 않아서는 아닌지 생각해보라.

30

"미안해요"라고 말하기만 하면 충분하다고 생각한다

"지나간 실수는 뉘우쳐라.
그리고 같은 실수를 반복하지 않도록 하라." _셰익스피어

상담을 할 때 만나게 되는 가장 감동적인 순간들은, 점잖아 보이는 사람들이 누군가를 배신했다거나, 다른 사람에게 상처를 주었다거나, 아니면 자신이 소중하게 생각하는 사람을 이용했다거나 하는 고백을 할 때이다. 예를 들어 한 할리우드 에이전트가 기억나는데, 그 사람은 내 앞에서 난생 처음으로 눈물을 흘렸다. 술에 취한 채 요양원에 계신 병든 시어머니에게 소리를 질렀다는 것이다. 그리고 내 앞에서 엉엉 울었던 한 부동산 개발업자도 기억이 난다. 그 사람은 잠시 바람을 피워서 아내를 몹시 실망시키고 큰 상처를 입혔던 것을 무척 후회하고 있었다. 두 경우 모두 당사자들을 괴롭힌 것은 죄의식과 수치심만이 아니라, 어떻게 하면 상황을 바로잡을 수 있을지를 알 수 없다는 사실이었다.

> "말로만 사과하고 마는 것은 좋지 않은 습관이며
> 치유될 가망이 거의 없는 습관이다.
> 그것은 사실 이기주의의 비뚤어진 한 단면일 뿐이다."
>
> _ 올리버 웬델 홈즈

　자신이 상처 입힌 관계를 치유하려면 상처 입은 상대에게 보상을 하는 것이 필수적이다. 그것이 우리가 상대에게 상처를 입혔다는 사실을 심각하게 생각하며 후회하고 있다는 것을 보여줄 수 있는 유일한 방법이다. 문제는, 어떻게 하면 보상을 할 수 있는지 그 방법을 잘 모른다는 데 있다. 그래서 우리는 시간만이 상처를 치유할 수 있다고 생각하거나, 아니면 중얼거리는 목소리로 짧게 사과를 하고 만다.
　사소한 해를 입혔을 때는 "미안해"라는 말이 충분할 수 있다. 하지만 심각한 상처를 입힌 경우에는 그보다 더 강한 치유제가 필요한데, 그것은 대개 말로는 부족하다. 미안하다는 말 이상의 노력을 통해 관계를 회복하려 하지 않는다면, 우리로 인해 상처를 입은 사람들은 계속해서 우리를 믿지 못할 것이다. 그리고 그런 그들의 태도는 우리를 더욱 좌절시킬 것이다. 우리는 우리의 사과를 받아주지 않는다는 이유로 그들에게 화를 낼 수도 있다. "그런 것도 이해 못하냐"라면서 불평을 할 수도 있다. 하지만 사실 우리가 상대에게 충분히 보상을 하지 못한 것이 문제이다.

> "변명하지 말고, 부족한 것을 벌충하라."
>
> _ 엘버트 허버드

상황을 바로잡기 위한 첫 번째 단계는, 상처받은 사람은 전형적으로 세 단계를 겪는다는 것을 이해하는 것이다. 내가 소위 '3H' 라고 명명한 그 단계들은 다음과 같다.

단계 1 : 상처(Hurt)
자신은 상처받지 않는다고 믿던 망상이 깨진다. 자신이 얼마나 심하게 상처를 받을 수 있는 사람인지를 깨닫는다.

단계 2 : 증오(Hate)
자신의 믿음을 배반하고 안전하다는 기분을 앗아간 사람에 대해 분노를 느낀다.

단계 3 : 망설임(Hesitation)
다시 안전하게 느끼기 전까지는 자신에게 상처를 준 사람과 가까이 하려 들지 않는다.

상처가 심각하다면, 진심에서 우러난 상대의 말도 들리지 않을 수 있다. 상처를 온전히 치유할 수 있을 만한 행동만이 고통스런 기억을 지워줄 수 있고, 상처받은 사람으로 하여금 경계를 풀게 할 수 있다. 그것은 3H와 3R의 균형을 맞춤으로써 가능할 수 있다.

1. 자신의 행동에 대한 후회(Remorse)
상대방에게 상처를 주었다는 사실이 당신의 가슴을 아프게 한다는 것을, 그래서 당신은 후회하고 있다는 것을 보여줘야 한다. 가장 좋은 방법은 강한 어조로 이렇게 말하는 것이다. "내가 당신 마음을 아프게 했지, 그렇지?" 그리고 이어서 진실 어린 태도로 다음과 같이 말한다. "내가 잘못했다는 걸 알아. 그리고 당신 마음을 아프게 해서 나도 마음이 아파." 기억하라. 고통을 받고 있는 사람에게 변명은 아무 소용이 없다는 것을.

2. 상대의 상처에 대한 배상(Restitution)

심각하지 않은 상처를 준 경우에는 꽃을 보낸다거나 하는 행동이면 충분할 것이다. 하지만 심각한 상처를 입힌 경우라면 잘못을 뉘우치는 모습을 제3자들 앞에서도 보일 필요가 있다. 앞서 말했던, 요양원에 계신 시어머니에게 화를 내고 소리를 질렀던 할리우드 에이전트의 경우, 시어머니와 남편에게만 사죄한 것이 아니라 그 장면을 목격한 모든 사람들에게 사과를 했다. 외도로 인하여 아내에게 상처를 입혔던 남자는 단순하지만 효과적인 방법을 썼다. 나의 제안에 따라 그는 아내에게 마음껏 자신에게 분노를 터뜨리라고 했다. 그리고 아내가 쌓였던 화를 터뜨리는 동안 그는 말대꾸나 변명을 하지 않고 묵묵히 듣고만 있었다.

3. 관계의 회복을 위한 노력(Rehabilitation)

상처받은 사람이 다시 상처받으면 어쩌나 하는 두려움을 극복하기 위해서는 약속 이상의 것이 필요하다. 진정으로 변화된 모습을 보이면 그들은 우리에 대한 믿음과 신뢰를 회복할 수 있을 것이다. 할리우드 에이전트의 경우, 금주(禁酒) 프로그램에 참여했고, 시어머니로 인해 화가 날 때도 적절하게 행동할 수 있음을 증명해 보였다. 외도를 했던 남자는 아내와 함께 부부 상담 프로그램에 참여했으며, 자신으로 하여금 외도를 하게 만들었던 좌절감과 불만족을 해결하기 위해 성실하게 노력했다.

상처를 받는 것보다 상처를 주는 것이 더 상처가 되는 일인 경우가 많다. 자신의 행동을 후회하고, 상대에게 배상을 하며, 관계를 회복하고자 노력함으로써, 사랑하는 사람에게 상처를 주었다는 고통을 치유함과 동시에 상대에게 당신을 믿어도 된다는 것을 보여줄 수 있다. 당신이 3R을 실천하고자 끊임없이 노력한다면, 마음의 부담은 결국 상대방에게 옮겨갈 것이다. 그리고 어느 순간 상대방은 마음의 괴로움을 내려놓고 당신에게 다시 기회를 줄 것이다. 그렇게 신뢰를 회복하려는 노력을 하지 않고서는 상처받은 관계를 치유할 수 없다.

> 상대방을 사랑한다면
> 미안하게 생각하고 있음을
> 행동으로 보여줘야 한다.

- 상대방의 입장에서 3H를 느껴보도록 노력하자.
  a. 그는 왜 상처를 받았을까?
  b. 어떻게, 왜, 그는 상처를 준 당신을 미워하게 되었을까?
  c. 왜 그는 경계를 늦추고 다시 당신을 믿기를 주저하고 있을까?

- 상대방의 입장에 서서 당신이 취해야 할 3R을 생각해보자.
  a. 그의 상처를 달래기 위해서는 어떤 종류의 후회가 필요한가?
  b. 그의 화와 증오를 약화시키기 위해서는 어떤 종류의 벌이나 배상이 필요한가?
  c. 그가 나를 다시 믿을 수 있게 하려면 어떤 행동의 변화가 필요한가?

- 당신이 잘못했으며, 상대에게 고통을 주고 상처를 입힌 사실에 대해 마음을 쓰고 있음을 상대에게 알려야 한다.

- 상대의 상처받은 마음에 대해 돈 이상의 것으로 배상을 해야 한다.

- 다음에 비슷한 상황이 발생할 때는 상대에게 상처를 주지 않는 방식으로 행동함으로써, 상대가 안전하게 느끼도록 해야 한다.

31

말하지 않고 모든 걸 꾹 참는다

"슬프면 말해라. 말하지 않는 슬픔은
이미 버거워진 마음을 비탄에 젖게 만든다." _셰익스피어

나는 예전에 '샐리 제피 라파엘 쇼'에 패널로 출연한 적이 있었다. 당시 주제는 가족의 비밀에 대한 것이었다. 게스트는 여자 세 명이었는데, 한 사람은 아버지가 어머니를 죽이고 스스로도 목숨을 끊는 광경을 목격한 사람이었고, 또 한 명은 오빠에게 강간을 당하고 임신을 했던 여자였으며, 마지막 한 명은 어렸을 때 죽었다고 들었던 아버지가 같은 마을에서 계속 함께 살고 있었다는 사실을 뒤늦게 알게 된 사람이었다.

나는 수백만 명이나 되는 낯선 사람들 앞에서 자신의 이야기를 말할 수 있는 그들의 용기를 존경하지 않을 수 없었다. 카메라가 꺼지고 나서 나는 그들에게 쇼에 출연하기로 결정하기까지 참 어려웠겠다고 말을 건넸다. 그런데 그게 아니었다. 그들은 쇼의 출연을 요청하는 편지를 직접 썼던 것이었다. 그렇다고 그들이 주목받기를 좋아하는 유형의

사람들은 아니었다. 그들은 여러 해 동안 가슴속에 지니고 있던 비밀을 털어내기를 간절히 원했고, 진행자인 샐리가 믿을 만한 사람이라고 생각했으며, 얼굴이 보이지 않는 쇼의 시청자들은 별 위협이 되지 않는다고 생각했기 때문에 그 쇼를 선택한 것이었다. 상처받은 영혼들은 그 쇼에서 비밀을 털어놓은 후에 큰 안도감을 얻었다. 이 경험을 통해서 나는 오랫동안 알고 있던 사실을 더욱 분명하게 깨달았다. 끔찍한 경험에 대해 입 밖으로 말하는 것이 얼마나 중요한지를.

> "말은 병든 마음을 고치는 의사다."
> _ 아이스킬로스

무언가 끔찍한 일을 경험한 후에 느끼는 고통과 공포, 상실감은 그 결과로 보통 가슴을 파고드는 외로움을 동반한다. 홍수나 지진처럼 모두가 함께 경험한 심리적 충격조차도 그 영향을 개인마다 다르게 느끼며, 그런 상황에서 모든 이들이 어느 정도는 혼자라고 느끼게 된다. 예를 들어 아이를 잃은 부부는 함께 슬퍼하긴 하지만 서로 다른 방식으로 그 비극을 경험한다. 어머니가 느끼는 지배적인 감정은 보통 상실감이다. 자신의 모성애의 대상이 사라져버린 상실감. 반면에 아버지가 압도적으로 느끼는 감정은 대개 보호자의 역할을 제대로 해내지 못했다는 데에서 오는 수치심이다.

자신의 기분을 남에게 말하면 고립감이 조금은 줄어든다. 자신이 세계로부터 동떨어져 있는 것이 아니라 세계의 일부분이라고 느끼게 되는 것이다. 뿐만 아니라, 자신을 표현하는 것은 감정을 정화하는 한 가지 방법이다. 끔찍한 사건은 유독성의 잔여물을 남기는데, 그것을 다른 사람에게 표현하는 행위는 그 누적된 독을 없애는 세척의 역할을 한다. 독을 제거하지 않으면 우리의 몸과 마음, 영혼을 오염시키고 결국에는 파국을 가져올 수도 있다.

더 빨리, 더 완전히 자신을 표현하면 할수록 상처는 더 빨리 더 쉽게 치유된다. 상처를 빨리 입 밖으로 내버리는 것은 정서적으로 볼 때 자전거에서 떨어진 후 곧바로 다시 자전거에 올라타는 것과 비슷하다. 오래 기다릴수록 더 두려워진다. 또한 억압한 고통은 축적되어 비슷한 성질을 지닌 것들끼리 모이게 된다. 그 결과는 신체의 질병에서부터 혐오증에 이르기까지 어떤 것이든 될 수 있다.

그런데 왜 우리는 그런 상처를 끌어안고 있는가? 우선, 그렇게 하는 것이 훨씬 쉬운 일처럼 보이기 때문이다. 상처를 발설하는 일은 너무나 엄청난 일로 생각된다. 결국 그 기억이 떠오를 때마다 우리는 안도감이 아니라 고통을 느끼게 되는 것 아닌가? 남에게 말을 하면 일이 더 악화되지는 않을까? 또한 마음의 짐을 엉뚱한 사람에게 풀어놓았다가 마음을 달래기는커녕 그들에게 부담을 줄지도 모를 일인 것이다. 우리의 감정은 무시되거나 하찮게 여겨질 수도 있고, 그렇게 되면 자신이 바보처럼 느껴질 것이다. 우리가 고통을 끌어안고 사는 또 다른 이유는, 고통을 기억하는 것에 그치지 않고 고통이 되살아나 다시 나를 압도해올까 두려워서이다.

상담치료가로서 나는 사람들에게 구체적으로 질문을 함으로써 끔찍했던 사건을 아주 상세히 묘사하게 한다. 그것은 무슨 색깔이었나? 그 소리는 얼마나 컸는가? 방안은 추웠나? 무슨 냄새가 났는가? 등등. 안전한 환경 속에서 감각을 통해 사건을 되살리면 억압되었던 감정들이 모습을 드러낸다. 이렇게 되면 치유가 쉬워진다.

그 좋은 사례가 게이이다. 그녀는 집에서 통신판매업을 하는 독신 엄마인데, 하루는 일에 몰두하여 무심코 현관문을 열어놓았다. 그러다 전화를 하고 있었는데, 갑자기 "끼이" 하는 브레이크 소리가 나더니 비명 소리와 함께 쿵! 하는 소리가 들렸다. 현관으로 달려 나가 보니, 그녀의 아이가 피를 흘리며 의식을 잃고 쓰러져 있었고, 운전사가 정신없이 아이를 살리려고 애쓰고 있었다. 아이는 살아났지만 평생 불구로 살게 되었다. 죄의식과 악몽에 시달리면서도 게이는 그 기억이 너무나 고통스러워 사람들에게 이야기할 수가 없었다. 그러나 그녀는 내 앞에서 아주 상세하게 그 소름끼치는 경험을 쏟아놓았다. 아이는 도로 위에서 어떤 모습을 하고 있었는지, 응급실에서 그녀는 얼마나 수치스러웠는지, 등등. 그 모든 것을 토해낸 후에 게이는 치유를 시작할 수 있었고, 마침내 스스로를 용서할 수가 있었다.

"비누가 몸을 씻어주듯이 눈물은 영혼을 씻어준다."

_ 유대 속담

치료사들은 경청하는 훈련을 받고, 법적으로 비밀을 지키도록 되어 있기 때문에, 이야기를 털어놓기에 무척 좋은 대상이다. 그렇기는 해도, 그들만이 이야기를 잘 들어주는 것은 아니다. 때로는 비슷한 경험을 했던 사람이 가장 적절한 상담자가 될 수도 있다. 그런 사람들은 "당신 마음 이해해요" 혹은 "당신은 혼자가 아니에요"라고 확실하게 말할 수 있는 위치에 있다. 그래서 '동료 그룹'이 치료에는 없어서는 안 되는 경우가 꽤 있다.

이야기를 잘 들어주는 사람들은 당신과 어떤 관계인가와 상관없이 몇 가지 공통점을 지니고 있다. 그들은 상대의 이야기를 무시하지 않고 귀 기울여 들으며, 상대의 감정을 간단히 무시해버리거나 하찮게 여기지 않는다. 그리고 가장 중요한 것은, 그들은 당신이 경험한 일이 정말로 끔찍한 일이었다는 것을 인정해줄 정도로 지혜롭다는 것이다.

끔찍한 기억에 대해서 혼자서 생각만 하거나, 무관심한 사람들에게 감정을 털어놓는 것은 도움이 안 된다. 그 감정을 충분히 느껴야 비로소 치유가 가능한데, 안전하다고 느낄 때에만 그 감정을 충분히 느낄 수 있다. 그리고 고통이 수그러질 때까지 기꺼이 들어주는 사람이 있어야 안전하다고 느낄 수 있다.

괴로웠던 일을 입 밖으로 표현하는 것은
상처를 치유하는 데 있어 매우 중요하다.

- 편하게 자신의 이야기를 나눌 수 있는 사람을 찾아라.

- 스스로를 충분히, 시간 제약 없이 표현할 수 있도록 상대로부터 허락을 얻어라.

- 당신의 이야기를 듣고 판단을 내리려 하거나, 의문을 제기하거나, 자신의 의견을 말하지 말고 그냥 경청해줄 것을 요청하라.

- 끔찍한 경험을 했을 때의 장면, 소리, 맛, 냄새, 그리고 무엇보다도 그때의 '기분'을, 회상할 수 있는 한 아주 상세히 표현하라.

32

너무 일찍 포기한다

"인내는 명예를 더욱 빛나게 만든다.
뭔가를 이루는 것은,
천연기념물이라고 놀림 받는 구식의 우편물처럼
시대에 뒤떨어진다 해도
버티는 것이다." _셰익스피어

폴은 똑똑하고 매력적이고 에너지가 넘치는 남성으로, 멋진 아이디어가 많아서 늘 사람들의 흥미를 끌었다. 그는 크게 성공할 것 같았다. 그러나 그가 하는 모험들은 모두—그가 택했던 직업처럼—늘 실망스럽게 끝나고 말았다. 그의 아내 루스는 그런 삶에 지쳤다. 그녀는 실제로 9년 동안이나 그를 내조해왔다. "그는 충분히 노력하지 않아요"라고 그녀는 불평했다.

사실 폴은 더 열심히 노력할 필요는 없었다. 그보다는, 다른 방식으로 노력을 할 필요가 있었다. 그는 새로운 사업을 시작할 때는 아주 열정적이지만, 세부적인 일을 해야 할 때가 오면 불안해하고, 일이 지연되거나 힘든 일이 생기면 금방 좌절하곤 했다. 그는, 처음에는 크게 리드를 하다가 곧 상대편에게 추월을 당하고, 이후 내내 부진을 면치 못하는 운동선수와 비슷했다. 한 대기업의 CEO가 나에게 "지루함을 참아내는 것이 성공의 열쇠"라고 말한 적이 있다. 폴은 바로 그 교훈을 배울 필요가 있었다. 고치고, 잘 다듬고, 벌레를 골라내는 일이 필요한 것이다. 새로운 일에만 흥미를 느낀다면, 그리하여 그 과정의 지루한 부분은 참아내지 못한다면, 인내심을 잃고 곧 그만두게 될 것이다. 그것이 바로 폴에게 일어나곤 했던 일이다. 현실을 느끼게 되면 금세 흥분은 가라앉고, 자신이 추구하는 것은 모두 잘못되고 허무한 것이라고 결론을 내렸다. 그리고 "내가 생각했던 대로가 아니야"라거나 "이건 내가 정말로 원하는 게 아냐"라고 말하며 그만두곤 했다.

> "위대한 작품들은 힘이 아니라
> 인내심에 의해 이루어진다."
> _새뮤얼 존슨

지루함이 우리가 일을 일찍 그만두는 유일한 이유는 아니다. 일이든, 결혼이든, 무언가가 예상보다 좀 어렵게 느껴지면 우리는 곧잘 노력할 필요가 없다고 결정을 내려버린다. 특히 어떤 장애에 부딪쳐서 그로 인해 자신의 약점이 드러날 때 그렇게 된다. 굴욕감을 느끼게 될까 두려워서 우리는 인내하고자 하는 마음을 놓아버린다. 물론 우리는 그런 사실을 인정하지 않는다. 우리는 그것이 손실을 줄이는 최선의 방법이었다고 어떻게든 합리화한다.

스스로를 망치는 대부분의 행동처럼, 쉽게 포기하는 일도 어떤 목적을 달성하기는 한다. 막다른 골목에 다다르거나 덫에 걸렸다고 느꼈을 때, 일을 그만두어버리면 좌절감과 불안감이 줄어든다. 우리가 더 깊은 두려움에 직면하는 것을 막아주는 것이다. 즉, 성공하는 데 필요한 것을 갖지 못했다고 생각하고 포기할 수 있게 된다. 또한 그렇게 함으로써 드러내어 부탁하지 않고도 남들로부터 도움을 얻을 수도 있다. 남자들은 특히 자존심 때문에 중간에 일을 그만두는 경우가 많다. 그들에게 있어서 도움을 요청하는 일은 구걸하는 것이나 다름없기 때문이다. 실제로 남자들은 너무나 자존심이 강한 나머지 길을 물어보지도 못한다.

> "노력은 노력하는 일 자체가 고통이 될 때
> 비로소 노력이라고 할 수 있다."
>
> _ 호세 오르테가 가세트

    그러나 중도에 그만둠으로써 생기는 위안은 엄청난 대가를 요구한다. 그리고 그 대가는 목표에 도달하는 데 도움이 되지 않는다. 그만두는 일이 반복되면 우리는 다른 사람들의 신뢰를 잃게 되고, 결국 우리도 스스로를 믿지 못하게 된다. 아무도 걸핏하면 중간에 그만두어버리는 사람을 존중하지는 않는다. 또한 그들은 인내의 가치, 다시 말해 장애를 넘고 좌절을 극복하는 데에 필요한 기술을 결코 배우지 못한다.
    물론, 아무리 열심히 노력을 하고 아무리 좋은 의도를 가졌다 해도 일이나 관계를 회복시키지 못하는 경우도 있다. 그러나 잠시 멈추는 것과 그만두는 것은 다르다. 잠시 멈추는 것은 자신이 하던 일을 다시 평가하고 조정하는 일을 내포하지만, 그만두는 것은 포기하는 것, 책임감의 부담으로부터 벗어나는 것을 내포한다.

> "실패는 추락하는 것이 아니라
> 추락한 채로 있는 것이다."
>
> _메리 픽포드

    그렇다면 그만두는 것과 손실을 줄이기로 결정하는 것을 어떻게 구분할 수 있을까? 한 가지 방법은 과거를 돌아보고 자신이 어떤 유형인지를 이해하는 것이다. 당신은 곧잘 포기하는 편이었나, 아니면 너무 오래 질질 끄는 편이었나? 또한 식견이 있는 사람에게서 도움을 얻는 것도 좋다. 당신이 가능한 대안을 모두 살펴보았는지, 필요한 정보를 모두 모았는지, 가능한 도움을 모두 구했는지 그들에게 판단해달라고 부탁하라. 그렇게 하지 못했다면 당신은 너무 빨리 그만두었을 가능성이 있다.

    "열기를 참을 수 없다면, 부엌에서 나와라"라는 오래된 속담이 있다. 그래서 부엌이 더워지자마자 늘 뛰쳐나온다면, 당신의 삶은 늘 반만 익혀진 채로 끝나고 말 것이다.

> 성공하느냐 실패하느냐보다
> 중도에 포기하느냐 아니냐가
> 더 중요하다.

- 가장 최근에 그만두어버린 일이 있다면 그것을 생각해보고 그렇게 해서 얻은 긍정적인 결과와 부정적인 결과를 비교해보라.

- 현재의 상황을 살펴보고, 지금 그만두면 얻을 것과 잃을 것이 무엇인지를 종이에 적어보라.

- 다른 선택 가능한 것들의 목록을 만들고, 각각을 통해 얻을 것과 잃을 것이 무엇인지를 함께 적어보라.

- 상황을 판단하는 데 객관적인 도움을 줄 수 있는 사람의 도움을 얻어라. (그 사람과 위의 두 단계를 함께 진행할 수도 있다).

- 그만두는 쪽으로 마음이 기운다면, 왜 하필 지금인지 스스로에게 물어라. 그 이유들이 합당한 것인가, 아니면 당황스러움이나 지겨움과 같은 불쾌함을 피하기 위한 것인가? 버티기로 결정한다면, 당신이 믿을 수 있는 사람으로부터 도움과 지원을 얻어라.

33

자신의 인생을 남이 좌지우지하게 놔둔다

> "당신 자신에게서 행복을 찾는 것은 쉽지 않다. 그러나 다른 곳에서 행복을 찾는 것은 아예 불가능하다." _아그네스 리플리에

프랜은 서른두 살 된 변호사 보조원으로, 자칭 '남 즐겁게 해주기 여왕'이었다. 나는 그녀에게 '체셔 캣(늘 웃는 사람) 신드롬'이라는 별명을 붙여주었다. 그녀는 자신이 웃음은 남아 있지만, 보이는 곳과 보이지 않는 곳을 번갈아 왔다 갔다 하던 《이상한 나라의 앨리스》에 나오는 고양이 같다고 말했다. 프랜은 부모든, 상사든, 친구든, 연인이든, 모든 관계에 있어서 늘 미소를 짓고 있었다. 그러나 치료를 받는 지금 그녀의 얼굴은 고통으로 일그러져 있다. "나는 내가 완전히 사라져버릴까봐 두려워요. 그리고 어떻게 하면 그런 느낌이 들지 않을 수 있는지 모르겠어요"라고 그녀는 말했다.

프랜의 경우처럼, 많은 사람들은 다른 사람들이 자신을 어떻게 생각하는지에 대해 너무 신경을 쓰다가 자신을 잃어버리곤 한다. 마치 자

궁심으로 가는 길에는 다른 사람들의 의견이라는 통행료 징수소가 있고, 그곳을 통과할 때마다 자신의 정체성 일부를 지불하는 것과 마찬가지다.

내가 상담을 하는 사람들 중에는 어린시절의 자신에 대해서는 제대로 기억하지 못하는 대신, 다른 사람들은 아주 생생하게 기억하는 사람들이 많다. 그들은 엄마와 아빠가 행복해 보였는지 슬퍼 보였는지, 무언가에 열광하고 있었는지 지쳐 있었는지, 활기차 있었는지 화가 나 있었는지를 환하게 회상해낸다. 화난 아빠를 기쁘게 해주거나 침울해 있는 엄마를 밝게 해주기 위해 노력하고, 그들이 화나거나 우울해지지 않도록 함으로써 스스로 안전하다고 느낄 수 있다고 배웠기 때문이다. 이들은 자기 자신의 활기와 추진력, 성장에 초점을 두기보다는 늘 집안을 평안하고 위험하지 않게 만드는 데에 노력을 기울였다. 그 결과, 자신이 의존하고 있는 사람들이 자신에 대해 어떻게 느끼는가에 따라 스스로의 가치가 결정되었다. 부모가 행복해 보이면 자신을 가치 있는 존재라고 느꼈고, 부모가 불행해 보이면 웬일인지 자기 잘못이라고 느꼈다.

어른이 되어서까지 다른 사람들의 욕망과 바람, 그리고 욕구에 신경을 너무 많이 쓰게 되면, 우리는 '입증하고, 보이고, 숨기고, 남을 기쁘게 하려는' 인성을 발달시키게 된다. 남들에게 무언가를 입증하고, 자신이 가치 있다는 것을 보이며, 남들에게 유쾌하지 않은 사실은 숨기고 그들을 기쁘게 해주느라 인생의 많은 부분을 보내게 되는 것이다. 이는 모두 스스로를 안전하게 느끼며, 자신을 가치 있는 사람이라고 느끼기 위한 노력이다.

당신이 무슨 일을 하든 그 동기가 남들에게 자신을 입증하기 위한 것이라면, 그것은 남들이 자신을 믿지 않는다고 느끼기 때문이다. 당신은 '사람들에게 나를 믿을 만한 가치가 있다는 것을 입증해 보여야 해'라고 생각한다. 남들에게 자신을 입증하려는 태도는 사실 깊은 상처에 기원을 두고 있지만, 남들에게 보이려는 태도는 화에 뿌리를 두고 있다. 남들이 자신을 믿지 않는다고 느껴지고, 남들이 자신을 엉터리, 혹은 거짓말쟁이로 여긴다고 생각하기 때문에 당신은 끊임없이 자신의 진실성을 입증해 보여야 하는 것이다.

한편, 숨기려는 충동은 두려움에서 온다. 상대방을 참을성이 없고 용서할 줄 모르는 사람이라고 믿고, 실수를 하면 상대로부터 공격을 받게 될 것이라고 걱정한다. 따라서 비판으로부터뿐만이 아니라 자신의 진실한 감정과 진정한 인성으로부터도 스스로를 숨기는 비밀스러운 삶을 살게 된다. 남을 기쁘게 하고자 하는 태도는 대개 남을 행복하게 하는 것이 남들로부터 사랑을 받고 인정을 받게 되는 열쇠라는 느낌에 근거한다. 활기찬 분위기를 만들기 위하여 사람들을 즐겁게 해주려고 하고, 그것이 실패하면 곧 죄책감에 빠져든다.

사람들의 행복은 대부분 다른 사람의 기분과 연결되어 있다. 그러나 남에게 보이고, 입증하고, 숨기고, 남을 기쁘게 하기 위해 자신의 삶을 소진하고, 자신의 욕구와 욕망을 다른 이를 위한 제단 위에 희생양으로 바칠 때 비극이 일어난다. 잠시 동안은 그런 식으로 사는 것을 합리화하면서 언젠가는 당신 자신의 삶으로 돌아가겠다고 맹세할 수도 있다. 그러나 너무 오래 기다리면 자신의 방식을 완전히 잃어버릴 수도 있음을 명심하라.

남을 위해 살면 자신을 잃게 된다.

- 각 특징별로 0~10까지 자신이 어디에 속하는지 평가함으로써 자신이 어느 정도 '입증하고, 보이고, 숨기고, 남을 기쁘게 하려는' 인성을 지녔는지 확인하라. 0은 에너지를 하나도 쓰지 않는 것이고 10은 전부 쓰는 것이라고 할 때, 가장 중요한 관계에 있어서 당신의 에너지의 어느 정도를 스스로를 입증하는 데 소모하는가? 답을 얻었다면, 남들에게 보이기, 숨기기, 즐겁게 해주기의 척도에 대해서도 똑같이 평가해보아라.

- 만일 네 개의 총합이 20이 넘는다면, 당신은 자신보다는 남을 위해 산다고 볼 수 있다. 당신은 남들이 당신을 신뢰하도록 하기 위해 자신의 욕망과 흥미, 그리고 야망을 억누르고 있는 것이다.

- 남들을 행복하게 만들 힘은 거의 없다는 사실을, 더구나 늘 행복하게 해줄 수 있는 힘은 아예 없다는 사실을 인식하라.

- 상대방에게, 그가 잘못한 것은 전혀 없으며, 다만 당신이 스스로에게 이로운 일을 하기보다는 남들의 의견을 따르는 경향이 있다는 사실을 깨달았다고만 말하라.

● 앞으로는 상대방과 의견이 다른 것이나 상대방에게 실망한 것을 정직하게 표현하겠다고, 상대방도 그것을 이해해주었으면 좋겠다고 말하라.

● 첫 단계에서 했던 것과 마찬가지로 한 달에 한 번씩 스스로를 평가해봄으로써 자신의 추후 행동을 모니터하라.

● 당신이 다른 사람들에게 맞추기를 기대하지 않는 사람들을 찾아내라. 지금으로서는 그들에게 매력을 느끼지 못할지 모른다. 왜냐하면 당신은 친숙한 사람들, 즉 당신이 즐겁게 해주고 봉사해 줄 수 있는 사람들에게 끌릴 것이기 때문이다. 그러나 친숙한 것이 늘 좋은 것은 아님을 잊지 마라.

34

변화를 원하면서도
노력하기보다는 운에 의존한다

"사람의 운명은 자신의 손에 달려 있다." _프랜시스 베이컨

내가 상담을 하는 사람들로부터 거의 매일 듣는 말이 있다. "이제부터는 달라질 거예요"나 "다시는 그렇게 하지 않을 거예요"와 같은 말이 그것이다. 그러나 서글프게도, 주눅 들고 풀이 죽은 채 찾아와서 "저는 절대로 달라질 수 없나 봐요"라든가 "또 그러고 말았어요"라고 말하는 것 역시 거의 매일 듣게 된다.

맹세를 하면 기분이 좋아지기 때문에 때로는 별 생각 없이 맹세를 하는 경우도 있다. 의도는 좋았으니까 괜찮다고 스스로를 위로할 수도 있다. 그리고 앞으로는 달라질 거라고, 그래서 다시는 상처도 입지 않을 것이고, 우울해지지도, 감정을 상하지도 않을 거라고 큰 소리를 쳐서 상대방을 기분 좋게 할 수도 있다. 이럴 때의 맹세는 선거 공약처럼 어느 정도는 효과가 있다. 그러나 맹세는 진지하게 하는 것이 보통이다. 우

리는 정말 그렇게 하고 싶기 때문에 맹세를 한다. 그럴 때 우리는 미래는 지금과 달라지기를 바란다. 변화하려는 의지가 있는 것이다. 문제는, 의도만 좋으면 파티는 저절로 진행될 것이며, 우리는 거기서 즉흥연주만 하면 된다고 생각하고 상황을 운에 맡겨버리는 것이다.

> "지옥조차도 좋은 의도들로 차고 넘친다."
> _ 영국 속담

자신의 상황이 달라지기를 정말로 원한다면, 어떻게 변할 수 있는가를 알아야 한다. 그러기 위해서는 계획이 필요하다. 계획을 세우지 않으면 미래는 과거를 반복할 수밖에 없다. 또한 변화가 일어나게 할 수 있더라도 그것을 지속적으로 이어가는 방법이 없다면 결국 어려움에 봉착하게 된다. 자연과 마찬가지로 인간도 본능적으로 진공상태를 두려워한다. 익숙하지 않은 상황에 맞닥뜨리면 스스로가 준비되어 있지 않다고 느끼고, 새로운 목적에 부합되지는 않더라도 예전에 해본 적이 있는 행동으로 그 빈 곳을 메우려고 한다. 그러면 그 결과는 실망스럽고 수치스러운 것이 되고, 더 나아가 큰 문제로 이어질 수도 있다.

평생 열심히 일하고 이제 은퇴를 앞둔 사람들에게서 이런 경우를 종종 본다. 그들은 "이젠 더 이상 기다리지 않을 거예요"라며 이제까지 꿈꿔왔던 여행과 취미활동에 대해 이야기한다. 그러나 어떤 이들은 돈 문제를 제대로 해결하지 못해서 꿈만 꾸다 말고, 또 어떤 이들은 돈은 충분하지만 시간을 내지 못하기도 한다. 은퇴를 하고 나서 정확히 언제 그런 일들을 할 거냐고 물으면, "글쎄, 은퇴하면 그때 생각해보지요. 정말로 하고 싶은 일을 하게 되길 얼마나 손꼽아 기다리고 있는데요…" 라고 답한다. 그런데 막상 그날이 오면 무엇을 해야 할지 몰라 당황한다. 그러면 결국 쓸모없는 사람이라며 자신을 비하하게 되고, 주위 사람들의 기분마저 비참하게 만든다. "젊을 때도 이것저것 해보지 못했던 사람이 나이 들고 몸이 다 굳은 지금 어떻게 그런 일을 하겠어요?" 그들의 아내들이 하는 말이다.

하루하루 나이가 들어가는 것을 체감하는 30대 후반의 독신녀들에게서도 그런 일이 종종 일어난다. 아이를 너무 갖고 싶은 나머지, 괜찮은 파트너인지 확인해보지도 않은 채 기회가 오면 덥석 잡아버리는 것이다. 육아 준비는 어떻게 할 것인지, 일과 육아를 어떻게 병행할 것인지, 좀더 큰 아파트는 어떻게 구할 생각인지 등을 물으면, 그들은 모성애만 있으면 어떤 장애물이든 다 극복할 수 있을 것처럼 말을 한다. 사랑에 빠진 사람들에게도 이와 비슷한 환상이 나타난다. 젊은 연인이든, 옛날과는 다른 특별한 사랑이 찾아왔다고 느끼는 중년의 낭만주의자들이든, 다른 사람과 함께 인생을 설계해나갈 때 생길 수 있는 문제들을 충분히 고려해보지 않고 감정에 자신을 맡겨버린다. 그러나 사랑이 많은 것을 정복할지언정 모든 것을 정복하지는 못한다.

> "행운을 기다리기만 하는 자는
> 결코 확실한 만찬을 즐길 수 없다."
>
> _ 벤저민 프랭클린

자신을 망치는 행동습관을 변화시키고 싶어하면서도 우연이나 운에 너무 의존하면 결과는 우울하기 마련이다. 앞으로는 절대로 아내를 구타하지 않겠다고 약속한 한 남자를 예로 들어보자. 남들로부터 비난을 받거나, 자신의 잘못을 뉘우치거나, 혹은 법적으로 처벌을 받는 경우, 정말로 그런 마음을 지닐 수 있다. 그러나 상담 치료를 열심히 받으며 관계에 있어서의 불만족의 원인을 해결하려고 노력하고, 갈등이 생겼을 때 폭력적이지 않게 반응할 수 있는 방법을 구체적으로 계획하고 준비하지 않는다면, 문제 상황이 다시 발생할 때 오래된 폭력의 충동이 다시 나타날 가능성이 있다.

마찬가지로, 담배나 술, 도박 같은 파괴적인 습관에서 벗어나겠다고 맹세하는 사람들도 운에 의존하다 보면 결국 그 습관으로 돌아가게 된다. "다시는 과식하지 않겠다" 거나 "이번이 마지막 내기야" 라고 선언하는 것만으로는 충분하지 않다. 충동이 다시 일어날 때 그것을 어떻게 다스릴 것인가를 미리 계획하지 않고서는 진정한 행운을 얻지 못한다. 예를 들면, 급격하게 식사량을 줄이는 사람들은 빨리 무게를 줄일 수는 있겠지만 그 상태를 유지하기는 어렵다. 그리하여 예전보다 더 뚱뚱해지는 결과를 낳을 수도 있다. 이런 이유 때문에 알코올중독자 자주치료 협회 같은 프로그램이 효과가 있는 것이다. 이와 같은 프로그램은 하나의 계획으로서 술을 끊을 수 있는 방법뿐만 아니라 추후에 행동을 지속할 수 있는 방법을 제시한다.

> "운이란 의미 없는 단어이다.
> 원인 없이 존재할 수 있는 것이란 없다."
> _ 볼테르

영화 〈꿈의 구장(Field of Dreams)〉에서 케빈 코스트너가 연기했던 주인공은 "네가 야구장을 지으면, 그가 올 것이다"라는 목소리를 듣는다. 그는 그 목소리를 위해 계획을 세웠고, 계획을 실행에 옮겼으며, 결국 가장 큰 꿈을 이루었다. 상황을 달라지게 하려는 구체적인 계획 없이 가만히 앉아서 달라지기를 원하기만 한다면, 상황은 결코 달라지지 않는다.

계획한다면 만들어나갈 수 있고, 만들어나간다면 이루어질 것이다.

> 행운을 기대하지 말고
> 구체적인 계획을 세워서 노력하라.

- 우선 목표를 마음에 새겨라. 어떤 상황을 원하는지를 분명히, 그리고 구체적으로 그려보아라. 무엇을, 언제, 어디서 할 것인지를 스스로에게 묻고, 마음의 눈으로 미래의 이미지를 그려보아라.

- 이제 그 목표를 위해 어떻게 할 것인지를 스스로에게 물어라. 그 목표를 이루기 위해 해야 할 일들이 무엇인지 확인하는 것이다.

- 가능하다면 목표를 부분으로 쪼개보아라. 목표에 도달하기 위해서 밟아야 하는 구체적인 단계들은 어떤 것인가?

- 자신이 세운 계획이 실행할 수 있는 것인지 다시 한 번 확인하라.

- 어떤 도움이 필요할지 생각해보라. 전문가가 필요한가? 돈이 필요한가? 가족들의 지원과 희생이 필요한가?

- 자신이 원하는 방향으로 제대로 나가고 있는지를 점검할 수 있는 방법을 찾아라. 정기적으로 점검하지 않으면 지속적으로 해나가지 못할 수도 있다. 점검을 할 수 있는 한 가지 방법은, 그 계획을 사람들에게 알리고, 믿을 만한 사람들에게 자신의 의도를 말하여 당신이 잘 해나가고 있는지를 주시해달라고 부탁하는 것이다.

- 만일 계획을 폐기하고 싶은 충동이 일더라도, 현재의 계획을 대체할 만한 다른 계획이 없는 한, 그 충동에 굴복하지 않겠다고 결심하라.

35

인생을 두려움에 맡겨버린다

"우리가 두려워해야 할 게 있다면 그것은
다름 아닌 두려움 그 자체이다." _프랭클린 루스벨트

"당신이 두려움과 직면할 수 있다면, 그때마다
당신은 힘과 용기, 그리고 자신감을 얻게 될 것이다.
그래서 '나는 이 공포를 잘 이겨냈다. 이제 어떤 것도 해낼 수 있다'고
스스로에게 말할 수 있게 될 것이다." _엘리노어 루스벨트

항공회사에 다니는 52세의 기계공 스탠은 매일 40마일을 운전하여 출근을 했다. 그러던 어느 날 교통사고를 당했다. 조금 쉬고 나니 육체적으로는 회복이 되었지만, 정신적으로는 그렇지 못했다. 운전하는 것을 무서워하게 된 것이다. 일을 계속하기 위해 어쩔 수 없이 용기를 내어 다른 사람의 차를 얻어 타고 다녔지만, 차에 타고 있는 동안 내내 긴장과 불안으로 손에 힘을 꽉 쥐고 앉아 있곤 했다. 이런 그의 모습을 보면서 다른 사람들도 불안해했다.

루스는 43세 된 고등학교 교장이자 세 자녀의 엄마이다. 그녀는 남편 테드가 바람을 피운다는 사실을 알고 나서 노이로제에 걸렸다. 테드는 참회하는 모습을 보였을 뿐만 아니라 결혼생활에서 자신이 아내에게 충실하지 못하게 된 이유가 무엇인지를 알아내고 해결하고자 진지하게

노력을 했다. 그럼에도 불구하고 루스는 남편이 눈에 안 보일 때면 두려움 때문에 몸이 마비될 지경이었다. 때로는 두려움이 너무 심해서 삶 자체를 지속할 용기를 잃기도 했다.

스탠과 루스의 공통점은 무엇일까? 두 사람 모두 정신적 외상의 희생자로서, 똑같은 일이 다시 일어날까 두려워 아무것도 할 수 없는 지경에까지 이르렀다는 점이다.

> "인생에는 두려워할 것은 없다.
> 이해해야 할 것뿐이다."
> _ 마리 퀴리

정신적 외상은 보통 한 번으로 끝나지 않는다. 첫 번째 타격으로 우리는 아무것도 모르던 때의 순진함과 안정감을 잃는다. 두 번째 타격은 직접적인 정신적 외상은 아니지만, 일어났던 일이 언젠가는 다시 일어날 것이라는 두려움을 갖게 되는 것이다. 신뢰가 자리하고 있던 곳에 두려움이 들어서는 것이다. 쉽게 상처를 받을 수 있는 상태가 되어, 다시 그런 일이 벌어지면 돌이킬 수 없이 상처를 입을 것이고, 아예 살아남지 못할 수도 있다고 생각한다. 이런 뿌리 깊은 불안은 우리를 움츠러들게 만든다. 불안이 심해지면 혐오증으로까지 발전할 수 있으며, 그렇게 되면 회피하려 들게 된다.

비극적이지만, 다시 정신적 외상을 받을까봐 생기는 두려움은 정신적 외상 그 자체보다 사람을 더 황폐하게 만들 수 있다. 루스는 그런 일이 또 일어날까봐 불안한 나머지, 외과의사인 남편이 너무 피곤해서 딴

짓을 할 수 없을 때에도 다른 여자와 함께 있을지 모른다고 의심할 정도가 되었다. 그녀는 여자들은 모두 의심했고, 테드에게 사람들과 어울려 일을 하지 말라고 고집을 피우기까지 했다. 심지어 환자의 기록을 일일이 뒤져서 남편이 어떤 종류의 여성들을 치료하고 있는지 알아내려고 할 정도였다. 이런 상황이 지속되자, 루스의 과대망상증 때문에 테드는 일은 물론이고 결혼생활 자체를 유지하지 못할 것 같았다.

같은 일이 또 벌어질 것이라는 두려움은 어린시절에 그 뿌리를 둔다. 웅덩이에 뛰어들었다가 바닥에 부딪치거나 자전거에서 떨어질 때처럼 아이가 정신적 외상을 받으면, 아이는 자신이 보호받지 못한다고 느낀다. 혹은 부모가 그 일을 너무 심각하게 생각하면, 아이 눈에 아무것도 아니었던 일도 엄청난 일이 되어버린다. "엄마와 아빠를 저렇게 놀라게 하는 일이라면 끔찍한 일임에 틀림없어. 다시는 안 하는 게 낫겠어"라고 생각하게 되는 것이다. 반대로 부모가 그 정신적 외상을 너무 가볍게 다루면 아이는 상처 입었다고 느낄 뿐만 아니라 외롭다고 느끼게 된다. 심리적으로 혼자라고 느끼는 것이 상처 자체보다 더 무서울 수 있다. 어떤 경우든 간에 결과는 동일하다. 스스로 일어서서 다시 그 일을 시도하는 것을 피하게 되는 것이다. 정서적인 기억은 마음 깊은 곳에 묻힌다. 그래서 어른이 되어 새로운 정신적 외상이 그 감정을 들춰내려고 하면, 심리적으로 방어벽을 치거나 두려움에 사로잡힌 채 그런 기분으로부터 자신을 보호하려고 한다.

"두려움을 정복하는 것이 지혜의 시작이다."

_ 버트란드 러셀

반면, 지혜로운 부모들은 상처 입은 아이들을 위로하고, 그 두려움이 무기력이 되기 전에 다시 한 번 그 일을 해보도록 격려한다. 웅덩이에 뛰어들거나 다시 자전거를 타고서도 다치지 않으면 아이들은 그 상처를 극복할 수 있다는 것을 알게 된다. 두려움에 용감히 맞서서 행동해도 똑같은 일이 반드시 벌어지지는 않는다는 사실도 알게 된다.

다름 아닌 바로 이 과정이 정신적 외상을 입은 어른들에게도 필요하다. 삶에 뛰어들어서 적극적으로 행동을 할 때만 두려움을 극복할 수 있다. 스탠에게는 처음에는 작은 길에서 운전을 하다가 조금 더 큰 길과 대로로 나가보고, 그 다음에 고속도로에 나가는 모험을 해보라고 설득했다. 루스에게는 남편을 신뢰하는 것처럼 행동해보라는 해결책을 제시했다. 남편이 사업차 출장을 갈 때는 억지로라도 잘 다녀오라고 인사를 하고, 다른 여자가 등장했다고 해서 남편에게 집착하지 말고, 이런저런 모임에도 함께 참석하라고 했다. 일단 테드의 행동이 신뢰할 만하다는 것이 입증되자, 루스는 그를 진정으로 믿을 수 있게 되었고, 자신의 삶을 제대로 살아갈 수 있게 되었다.

인생의 굴곡에서 상처를 입을 때 두려움을 느끼는 것은 정상적인 현상이다. 균형을 잃고 쓰러지는 것도 정상이다. 보호막 속으로 움츠러들고 싶은 것도 정상이다. 다만, 빨리 삶을 재개할수록 그런 두려움의 희생자가 될 가능성이 줄어든다. 기억하라. 두려움보다는 행동이 더 힘이 세다.

두려움을 느낀다고 해서
위험에 처해 있는 것은 아니다.

- 상처를 잘 입을 것처럼 느껴질지라도 당신은 깨어질 만큼 약하지는 않다. 두려워하고 있다는 것을 인정하고, 두려움이 당신의 삶을 지배하지 않도록 하라.

- 살아가다 보면 예측할 수 없고 예방할 수 없는 일이 있다는 사실을 받아들여라.

- 당신이 무엇을 두려워하든 간에, 두려움 자체보다 불안한 마음과 회피하는 태도가 더 해롭다는 사실을 인식하라.

- 가능한 한 빨리 정상적인 일상으로 돌아가라. 당장에 하기 어렵다면, 한 단계 한 단계 정상적인 삶에 가까이 가도록 하라.

- 필요하다면, 당신이 생각하는 것 이상으로 해낼 수 있도록 격려해줄 수 있는 믿을 만한 사람들의 도움을 받아라.

- 당신이 취하는 행동 하나하나가 두려움을 조금씩 줄여준다는 점에 주목하라. 행동을 하는 것은 예방접종을 연속적으로 맞는 것과 다르지 않다.

- 자신이 회복되고 있다는 사실에 주목하라. 정신적 외상에서 벗어나고 있다는 사실을 기억하고, 다음에 비슷한 일이 일어나더라도 극복해낼 수 있다는 사실을 인식하라.

36

상실감에서 헤어나지 못한다

"슬픔이란 순간의 고통이다.
슬픔에 빠져 있는 것만큼 인생에서 큰 실수는 없다." _벤저민 디즈레일리

메리는 사람이 견뎌낼 수 있는 가장 큰 상실을 겪었다. 자식이 먼저 세상을 떠난 것이다. 삶에 격변을 일으키는 일이 늘 그렇지만, 그 사건은 정말 파괴적이었다. 그녀의 딸은 어떤 남자의 데이트 신청을 거부했다가 그 남성에게 가혹하게 살해를 당했다. 그런데 그 살인범은 석방될 가능성이 있었다. 게다가 메리는 최근에 어머니를 잃기까지 했고, 유방암으로 가슴까지 절제한 상태였다. 그녀는 더 이상 삶을 지속시키고 싶은 마음이 없었다.

시간을 벌 생각으로 나는 그녀에게 살인범이 정당한 대가를 치를 때까지는 절대로 자살하지 않겠다는 약속을 받아냈다. 그러나 상담을 받으러 오는 때를 제외하면 그녀는 늘 정원을 바라보고 앉아 있거나 딸의 사진을 물끄러미 쳐다보고 있기만 했다. 그녀의 남편도, 나도, 그녀에게

살아내야 한다고 열심히 이야기를 했지만, 그녀는 "이 상황을 극복하기 전까지는 살아나갈 수가 없어요"라고 말했다.

"그 정반대예요. 삶을 살아나가지 않는다면, 결코 그 상황에서 헤어날 수 없어요"라고 나는 말했다. 억지로라도 이런저런 활동을 해서 새로운 기억을 만들어내야 밤낮으로 그녀를 괴롭히는 고통스러운 생각들에게서 조금씩이나마 벗어날 수 있을 것이라고 설명했다.

그녀와 같은 경우에 처한 사람이 슬퍼하는 것은 너무나 당연하다. 관례상의 애도 기간이 지났다고 해서 슬픔이 다 끝난 척해야 할 이유도 없다. 그러나 다시 몸을 일으켜 삶에 뛰어들지 못할 정도가 된다면, 우리는 계속되는 슬픔의 최면 상태에 갇혀서 과거의 노예가 될 것이다. 그런 일이 벌어지면 상실을 경험한 그해는 우리의 인생에서 최악의 해가 될 뿐만 아니라, 종말의 시작이 될 수도 있는 것이다.

심각한 상실을 경험한 사람들이 삶을 계속해서 살아가기를 망설이는 데에는 여러 가지 이유가 있다. 자신이 사랑하는 사람이 너무나 많은 부분을 차지했기 때문에 혼자서는 제대로 생활할 수 없다고 느끼기 때문일 수도 있다. 혹은 남들이 자신을 동정해줄 때 마음이 편해지기 때문일 수도 있다. 그들은 그러다 보면 결국 다른 사람들이 자신을 피하게 되리라는 사실을 깨닫지 못한다. 사람들이 슬픔에 집착하게 되는 또 다른 이유는, 떠난 사람에 대해 지니고 있는 부정적인 감정에 대한 죄책감을 그 사람을 이상화함으로써 누그러뜨릴 수 있기 때문이다. 또한 아무렇지도 않게 살아가는 것은 죽은 자를 불명예스럽게 만드는 일이라고 생각하기도 한다.

나는 삶이 다해가는 환자들과 오랜 세월 함께 지내보았지만, 사랑하는 사람에게 "나를 위해 영원히 슬퍼해줘요"라든지 "제발 재혼하지 말아요"라고 하는 사람은 본 적이 없다. 실제로는 그와 반대로 한결같이 "슬퍼하느라 시간을 낭비하지 말아요. 당신의 삶을 살아가요. 나는 당신이 행복하기를 원해요"라고 말한다.

마지막으로, 슬픔에 빠진 사람들 중 많은 이들은 이제 삶이 전과 같아질 수 없는데 무엇하러 애써 살아가야 하는가 생각하기도 한다. 그러나 다시 살아가려는 노력이, 대체될 수 없는 것을 대체하려고 하거나, 똑같아질 수 없는 것을 똑같아지게 하려는 것은 아니다. 새로운 추억이 생길 기회를 만드는 것이 그 목적이다. 쉽지 않은 일이지만, 상실을 경험한 바로 그 삶의 자리에 새로운 기억을 만드는 것이 중요하다. 가령, 배우자를 잃은 사람은 자신의 일에 더 몰두하거나 친구들이나 아이들과 많은 시간을 보내는 경향이 있다. 이것은 혼자 있는 것보다는 확실히 바람직하지만, 다른 이성과 데이트를 하는 것보다는 건설적이지 못하다. 자연스러운 애도의 시간이 지난 후, 다른 남성이나 여성과 친하게 지내면서 그 상실의 자리에 새로운 기억을 만들면 치유는 확실히 빨라진다.

"슬픔을 치유하는 유일한 방법은 행동하는 것이다."

_ 조지 헨리 루이스

물론 상실한 것을 고스란히 대체하는 행동을 할 필요는 없다. 어떤 경우 그것은 아예 불가능할 수도 있다. 예를 들어, 메리와 같은 중년 여성의 경우 다시 아이를 가질 수는 없는 것이다. 그러나 비슷한 영역에 노력을 기울일 수는 있다. 그녀의 딸은 그녀가 돕고 배려해야 할 사람,

즉 그녀를 필요로 하는 사람이었다. 메리는 자신이 돌봐야 할 필요가 가장 컸던 곳이 텅 비어버렸음을 느꼈다. 나는 그녀에게 병원에서 자원봉사를 하고, 살해당한 자녀를 가진 부모들을 위한 지원그룹에 참여할 것을 권했다. 그래서 그녀는 얼마 전에 남편을 잃어 괴로움에 젖어 있는 한 젊은 여성을 보살피게 되었다. 이런 방식으로 자신의 삶을 타인에게 확장함으로써 메리는 새로운 활력을 얻게 되었다. 그녀는 딸을 살해한 사람을 기소한 공무원들과도 적극적으로 협력했으며, 희생자들의 권리를 위해 애쓰는 단체에도 참여하였다. 3년이 흐른 지금 그녀는 파괴적이었던 정신적 외상을 극복하고 의미 있는 삶의 기억들을 새롭게 지니게 되었다.

  심각한 상실을 경험한다면, 삶이 결코 그 전과 같을 수는 없다는 사실을 인정해야 한다. 상실감에서 완전히 벗어날 수 없다 하더라도 새로운 기억들을 만들기 시작하라. 그러면 상실감이 당신을 놓아줄 것이다.

새로운 기억을 만들어서
잃어버린 것들을 잊도록 하라.

- 당신의 슬픔이 확대되지 않도록 조금씩 칸막이를 만들어라. 사랑하는 사람을 잃었다고 해서 집을 하나의 커다란 무덤으로 만들었다면, 이제 살아 있는 사람들을 위한 집으로 다시 돌려놓아라. 할 수 있다면, 망자를 기념하기 위한 방을 하나 만들거나, 그 기억을 앨범 속에 가두어라.

- 과거에 대해 생각하는 시간을 매일 조금씩 줄이고, 내적으로도 그렇게 하도록 노력하라.

- 새로운 기억들을 만들어서 고통스러운 기억들의 강도를 희석하라. 새로운 일과, 직업과, 사람들에 몰입하라.

- 단순히 시간을 때우는 일이 아니라, 자긍심을 높이고 스스로를 자랑스럽게 느낄 수 있는 의미 있는 일들을 선택하라. 가령, 당신보다 더 불행한 사람들을 돕는 데에 시간을 써라.

- 지원그룹에 참여하라. 비슷한 경험을 한 사람들만이 "당신의 심정을 이해해요"라고 확실히 말할 수 있고, 당신의 외로움을 달래줄 수 있다.

37

그만두어야 할 때
그만두지 못한다

"나는 목소리를 가다듬고 푸느라
 노래를 제대로 해보지도 못한 채
 세월을 흘려보냈다." _레빈드라나트 타고르

참으로 많은 부모들이 최악의 상태에 있을 때가 아니라 그 상태에서 벗어난 후에야 나를 찾아온다. 그들은 불행하고 부정한 결혼에서 결국 벗어났거나, 미래가 도저히 안 보였던 직업을 드디어 그만두었거나, 손해 보는 모험에 더 이상 시간과 에너지를 쏟아 붓지 않기로 결심했을지 모른다. 그렇다면 그들은 해방감과 안도감을 느껴야 옳다. 그런데 그들은 혼란과 후회로 가득 차 있다. 그들은 무엇을 후회하고 있는가? 더 일찍 벗어나지 못하고 비참한 생활에 너무 오랜 시간을 낭비한 것을 후회하는 것이다. 그들은 왜 혼란스러워하는가? 무엇 때문에 자신이 그렇게 갑자기 태도를 바꾸려 했는지 이해할 수 없어서이다.

  좋지 않은 상태인 줄 알면서도 그 상태에 오랫동안 머물러 있는 데에는 많은 이유가 있다. 첫째, 변화를 감행할 필요가 없어서는 아니다. 다만 친숙한 어려움을 견디는 것이 미지의 상황에 맞닥뜨리는 것보다 나아 보이기 때문이다. 절망적인 일을 그만두고 나서 더 나은 직업을 찾지 못한다면 어떻게 될까? 불행한 결혼을 그만두었는데 결국 혼자 남게 된다면 어떻게 될까? 변화하지 않고 그대로 있음으로 해서 고통스러운 결정을 내려야 할 책임을 면제받을 수 있는 것이다. 불행한 결혼생활을 하는 많은 사람들이 "사랑하는 사람에게 상처를 입힐까봐 두려워요"라고 내게 말했다. 그들은 서약을 깨뜨리고 동반자를 저버릴 때 느낄 죄책감을 예상하면서 힘든 현재를 버텨나가는 것이다.

그들은 그냥 지금처럼 있는 것이 더 현명하다고 스스로를 납득시킨다. 상황은 앞으로 확실히 더 나아질 것이고, 삶은 원래 힘든 것이며, 환경을 바꾼다고 해서 삶이 달라질 것이라고 기대하는 것은 어리석은 일이라고 스스로에게 말한다. 더 나은 배우자, 더 나은 직업, 더 좋은 집…. 그것이 무엇이든 간에 그것을 찾을 수는 없을 것이며, 따라서 지금 갖고 있는 것에 만족하려고 노력하는 편이 낫다고 생각한다.

> "친구여, 자네에게 엄청난 비밀을 말해주겠네.
> 마지막 심판을 기다리지 말게나. 그건 매일 일어나고 있다네."
>
> _ 알베르 까뮈

그러나 그러한 합리화는 비극적인 대가를 요구한다. 오래 기다리면 기다릴수록 상황을 변화시킬 시기는 점점 더 늦어진다. 당신이 선택할 수 있는 기회가 사라져버릴 수도 있으며, 그와 함께 더 나은 방향으로 변화할 기회도 모두 사라지게 된다. 그리고 곧 무언가 잘못되기 시작했다고 느끼게 된다. '내가 충분히 노력하지 않은 거야'라고 당신은 생각한다. 당신이 이미 충분히 노력을 했으며, 더 노력해도 달라지지 않을 때에도, 당신은 스스로에게 합리적인 수준 이상의 것을 요구하거나, 자신의 몫보다 더 많은 것을 하려고 노력할 수도 있다. 그러다 보면 당신은 삶을 제대로 영위하고 있지 못하다고 느끼게 된다. 그리고 당신의 열정과 열망은 사그라진다. 다음과 같은 아이러니한 상황이 벌어진다면 오히려 운이 좋은 것이다. 당신이 너무나 불행하고 후회스럽게 느끼기 때문에 상황이 변하게 되는 것이다. 예를 들어, 당신의 배우자가 더 이상 참지 못하고 떠나든가, 당신의 상사가 질려서 당신을 해고한다든가. 그러나 이보다는 완전히 지쳐서 실제보다 폭삭 늙어버렸다고 느끼게 되는 경우가 더 자주 발생한다.

너무 오래 기다리는 것은 재앙이 될 수 있다. 내가 아는 한 간부는 새로운 직원이 좀 의심스럽긴 했지만 전도유망하다고 생각해서 계속 데리고 있다가, 결국 2만 달러를 사기 당했다. 또 다른 사례로 38세의 여성이 있는데, 그녀는 임신이 가능한 시간이 얼마 남지 않았다는 것을 체감하면서도 아이에 대한 약혼자의 생각이 달라지기를 기대하며 동거를 했다. "달라질 거예요"라고 그녀는 확신에 차서 말했다. "그이는 원래는 아이들을 좋아해요. 지금은 직장생활을 시작한 지 얼마 안 되어서 아이를 가질 마음의 여유가 없을 거예요." 그녀는 자신의 나이에 다른 사람을 찾기는 어려울 거라고 생각했다. 그러나 내가 그녀를 다시 보았을 때, 그녀는 아이도 없었고 벌써 41세나 되어 있었다.

> "삶이란 여행이다. 변화와 움직임이 전제되어 있는 것이므로,
> 가두어두려고 하면 오히려 위험이 따라다니게 된다."
> _ 로렌스 반 더 포스트

물론 변화에 대한 욕구 때문에 몸이 근질거린다고 닥치는 대로 긁어버려서는 안 된다. 그것은 또 다시 자신을 좌절시킬 행동을 감행하는 것이나 마찬가지다. 변화에의 욕구가 깊고 진지하여 숨기려 해도 숨길 수 없는 징후를 찾아라. 일에서 흥미와 열의, 집중력을 잃을 수도 있으며, 연애의 경우엔 열정을 잃을 수도 있다. 현재의 일이나 관계를 위해 충분히 노력하지 않는 것이 아닌가 죄책감을 느낄 수도 있지만, 문제는 당신의 마음이 더 이상 그곳에 있지 않다는 점이다. 변화의 욕구를 느낄 수 있는 또 다른 징후는 환상에 젖는 것이다. 가령, 다른 직업을 가졌거나 다른 연인과 함께 있는 것을 상상하는 것이다. 변화의 시기가 이미 지났다는 것을 드러내는 징후는 생일, 설날, 결혼기념일, 일을 처음 시작한 날짜 등 특별한 날에 오히려 우울해지고 침울해지는 것이다. 이런 날들은 축하를 해야 할 때일 뿐만 아니라 어떤 평가를 해야 할 때이다. 만일 그런 때에 발전하고 있다고 느끼는 것이 아니라 정체되고 있다는 느낌이라면, 혹은 뒤쳐져 있다거나 자신이 생각했던 것과 거리가 멀어졌다고 느낀다면, 변화를 진지하게 생각해봐야 한다.

외교관들은 자신이 잘 모르는 동맹국보다는 자신이 잘 아는 적과 거래하는 것이 낫다고들 말한다. 그러나 낯선 상황에 직면하는 것이 더 현명할 때도 있다. 완전히 소진할 때까지 기다리다 보면, 건널 수 있었을 다리들조차도 모두 불타버릴 수 있기 때문이다.

남의 떡이 실제로 더 클 때도 있다.

- 얼마나 불만족스러운지, 얼마나 좌절을 느끼는지, 그리고 얼마나 불행한지를 솔직하게 평가하라.

- 지금으로부터 5년 후의 자신의 삶이 어떠하기를 바라는지 스스로에게 물어라. 현재의 조건에서 그곳에 도달할 수 있겠는가?

- 상황이 변화될 가능성을 현실적으로 점검하라. 더 만족스러워질 가능성은 얼마인가? 그를 위해 당신이 할 수 있는 일이 있는가?

- 상황이 전혀 나아지지 않으리라는 사실을 알았을 때 얼마나 괴로울 것인지를 스스로에게 물어보라.

- 현재 상태에서 실행 가능한 대안들 중 선택할 수 있는 것을 알아보라. 전문가들과 상의를 하거나, 비슷한 변화를 이뤄낸 사람들과 이야기를 나누어라.

- 떠날 때 생길 수 있는 위기 상황을 분석하라. 그리고 현재 상태에 머물러 있을 경우 얻을 결과와 비교해보라.

- 변하는 것이 최상이라고 마음을 정했다면, 두려움이나 죄책감에 주저하지 말고 구체적인 계획을 세우고 실행하라.

38

필요한 것을 요구할 줄 모른다

"구하라, 그러면 충만한 기쁨을 얻을 것이다." _요한복음에서 따온 복음성가

"다른 사람들과 행복하게 살려면
그들이 우리에게 줄 수 있는 것만을 기대해야 한다." _트리스탄 버나드

14년 전 결혼한 후 웬디와 잭 포레스탈은 매년 크리스마스 휴가를 똑같은 팜스프링즈의 휴양지에서 보냈다. 좋을 때도 나쁠 때도, 건강할 때도 아플 때도, 그리고 두 아이를 키우면서도 그 행사는 계속되었다. 그러나 5년 전부터 두 사람은 그 행사가 싫어졌다. 그런 휴가는 이제 너무 지루했다. 그러나 두 사람 중 아무도 "우리 올해는 다른 곳으로 갈까?"라고 말하지 않았다. 대신, 상대방이 그 전통을 깨는 것을 금기시할 거라고 생각하면서 즐거운 척했다.

포레스탈 부부의 경우, 원하는 것을 요구하지 못해서 생긴 위험 부담은 상대적으로 작은 것이었고, 그 결과도 사소한 것이었다. 그러나 우리가 필요하고 원하는 것을 요구하지 못할 때의 상황이 늘 그렇게 사소한 것은 아니다. 공항까지 차를 태워달라고 부탁하는 것과 같은 일상적인

요구도 그것을 실행하지 못할 때의 결과는 심각할 수 있다. 전형적인 예를 들어보자. 오지는 해리엇에게 "아, 나 7시까지 공항에 가야 해"라고 암시만 주고는, 마음을 정확히 털어놓지 않고서도 원하는 바를 얻을 수 있기를 바란다. 그러나 해리엇이 자신을 태우러 올 거라고 생각하며 기다리는 동안 그의 좌절감은 점차 커진다. 그러다가 택시를 불러야 할 즈음이 되면 화가 난다. 자신은 해리엇을 위해 할 수 있는 모든 호의를 다 베풀었건만 그녀는 자신을 위해 그 정도 일도 해주지 않는다고 생각하면서 해리엇을 이기적이며 남을 배려하지 않는 사람이라고 결론을 내린다. 두 사람 사이에는 긴장감이 감돌지만 해리엇은 이유를 알아채지 못한다. 왜 그런지 이유를 안다면, 그녀는 "왜 너는 태워달라고 말하지 않았니?"라고 항의할 수 있을 것이다. 이러한 오해는 우정을 위태롭게 할 수 있다.

이보다 더 심각하고 파괴적인 경우는 아예 언급되지도 않은 채 넘어가기 쉬운 더 깊은 욕구들이다. 가령 노년이 된 부모들 중 많은 수는 자녀들에게 도와달라고 부탁하기를 꺼린다. 자녀들이 부담을 느껴서 오히려 사이가 멀어지거나 양로원으로 보내버릴까봐 두렵기 때문이기도 하고, 안 그래도 바쁜 자녀들이 가족과 보낼 시간을 빼앗는 것이 죄스럽기 때문이기도 하다. 그러나 필요한 일을 요구하지 않아서 응급사태가 발생하고 나면 자녀들은 "왜 진작에 말씀하지 않으셨어요?"라며 오열하게 된다.

자신을 망치는 행동들 중에서 잠자리와 관련된 것만큼 논쟁거리가 많은 영역은 없을 것이다. 온갖 잡지들과 자기관리를 위한 책 속에 갖가지 충고들이 넘쳐남에도 불구하고, 성적으로 필요한 것을 요구하는 일은 여전히 쉽지 않다. 그것을 요구하기 위해서는 용기와 신뢰가 필요하다. 성과 관련한 문제를 마주할 때면 우리의 자아는 너무 예민해져서 상대의 요청을 요청으로 받아들이기보다는 비판으로 듣기 쉽다. 상대가 요청을 해야 하는 상황이라면, 우리가 무언가 크게 잘못하고 있음에 틀림없다고 생각하는 것이다. 따라서 성적인 욕구가 있는 사람은 어떤 것이 더 큰 위험일지를 판단해야 한다. 우리가 원하는 것(혹은 원하지 않는 것)을 파트너가 알아주기를 기다리는 데에서 오는 좌절감이 더 클지, 아니면 요구함으로써 상대방의 감정을 상하게 할 수도 있는 위험부담이 더 클지를.

당신의 욕구가 본질적인 것이든 하찮은 것이든 간에, 요청하는 것을 배우기에 앞서서 표현해서는 안 된다는 압력을 극복해야 한다. 아주 그럴 듯한 여러 이유들 때문에 우리는 원하는 바를 요청하기를 주저하기 때문이다.

1. 우리는 상대방에게 해를 끼치거나 상대방의 감정을 상하게 하길 원하지 않는다.

2. 표현해서는 안 된다는 압력은 욕구가 있다는 것 자체를 부인하게 만든다. 남자들은 특히 무언가를 요구하는 것은 자신의 약함을 드러내는 것이라고 생각하고, 요구하는 것을 구걸하는 것과 똑같다고 생각하는 경향이 있다.

3. 그 압력은 내적으로 우리가 그럴 만한 자격이 있는가 없는가를 검

열하게 한다. 인식을 하든 못하든 간에, 우리들 대부분은 상대방과 주고받은 것을 계속 기록해나간다. 요구를 숨김으로써 우리는 스스로를 관대하고 고상한 사람이라고 느끼게 되며, 그럼으로써 미래에 상대방으로부터 무언가 받을 수 있는 계좌를 가진다고 느낀다.

4. 거꾸로 우리는 남들로부터 어떤 요청을 받을 수 있다. 요청한 것을 얻게 되면 지불해야 할 계좌를 갖게 되는 것이고, 상대방이 이를 이용할 수도 있다.

5. 우리는 거절당할 위험에 처하기를 원하지 않는다. 왜 원하는 것을 요구하지 않는지 사람들에게 물어보면, 그들은 곧잘 "거절당하는 게 두려워서요"라고 말한다. 그들은 자신이 무언가 파괴적인 일을 해서 관계가 끝나버릴까 두려운 것이다.

6. 우리는 요구할 필요가 없었을지 모른다고 생각하기도 한다. 이러한 '환상'은 표현하지 않아도 다른 사람이 알아주길 원하는 아이 같은 소망을 반영하는 것이다. 아기였을 때 부모가 그랬듯이, 누군가 우리의 모든 욕구를 예상하고 충족시켜주기를 원하는 것이다.

여기서 딜레마는 당신이 원하는 바를 남들이 알아서 해주기를 기다리다 보면 아예 그것을 얻지 못하게 될 수 있다는 것이다. 또한 기다리는 동안 여러 가지 문제들이 발생할 가능성도 있다. 충족되지 못한 욕구를 혼자 달래면서 상대방에게 거절당했다고 느끼면 우울해질 뿐 아니라, 상대방에게 냉담하고 부루퉁하게 대할 수 있다. 남들이 당신이 필요로 하는 것을 잘 알면서도 주려 하지 않는다고 생각하고 분개할 수도 있다. 또한 다른 방법으로 그 간격을 메우고자 하는 욕망이 일어서 어리석은 행동을 할 수도 있고, 최악의 경우에는 알코올을 남용하거나 바람을 피우거나 도박을 하는 등 자기파괴적인 행동을 일삼다가 좌절감에 수치심과 죄책감을 더할 수도 있다.

필요한 것을 요구하는 것은 당신이 약해서가 아니다. 당신이 요구하는 것이 공정하고 합리적인 것인 한, 그 요구는 이기적인 것도, 상대방의 감정을 상하게 하는 것도 아니다. 그것은 불필요한 것도 아니다. 요청하는 것이야말로 당신이 그것을 얻을 수 있는 유일한 길일 수 있다. 지금 당장은 그것 없이 살 수 있다 하더라도, 항상 그럴 수 있는 것은 아니기 때문이다.

> 없어도 상관없는 것이 아닌 한
> 필요한 것은 요청해야 한다.

- 욕구가 있다는 것을 인정하라. 인정을 하는 순간 욕구들은 모습을 드러낼 것이다.

- 당신의 욕구가 무엇이든, 그것 없이도 살아갈 수 있는지 없는지를 판단하라. 관계를 위해서 희생해야 할 필요가 있는 욕구들도 있기 때문이다. 그러나 그것 없이는 살아가기 힘들 것 같고, 그것을 갖는 환상에 자주 빠진다면, 그 욕구는 무시할 수 없을 정도로 강한 것이다.

- 필요한 것을 요청하지 않으면, 당신이 그것을 필요로 한다는 사실을 상대방은 모를 가능성이 높다. 다른 사람의 마음을 읽을 수 있는 사람은 별로 없는 것이다.

- 명령하거나 비판하거나 불평하지 않는 방식으로 필요한 것을 요청하라.

- 당신이 필요로 하는 것을 하나의 사실로 진술하라. 이제까지 갖지 못한 것에 초점을 두지 말고, 지금부터 그것이 있으면 좋겠다고 표현하라.

- 상대방에게 "알았어"와 "안 돼" 중에서 선택할 수 있도록 하라. "알았어"라고 말하기를 바라는 것은 괜찮지만, 강요하거나 고집하지 않도록 하라.

- 요청을 하는 타이밍도 중요하다. 가령, 성적인 무언가를 원한다면, 잠자리에 들고 나서야 요청하지 마라. 대신 "오늘밤 내가 무얼 원하는지 알지?"처럼 미리 말을 하든지, 야한 영화를 보거나 책을 읽으면서 "나도 저런 걸 해보고 싶어"라고 말하는 것이다.

39

충고를 원하지 않는
사람에게 충고를 한다

"사랑의 첫 번째 의무는
상대의 이야기에 귀를 기울이는 것이다." _폴 틸리히

엘리자베스는 집에 오자마자 이야기를 풀어놓기 시작한다. "오늘 무슨 일이 있었는지 알아? 내가 몇 주 동안 제안서 만드느라 고생한 거 알지? 그런데 발표는 부장이 혼자 하는 거야. 그러면서 나에 대한 감사의 말은 언급도 안 하더라고. 사적인 자리에서도 고맙다는 말 한마디 안 하는 거 있지!"

그녀가 떠들어대고 있는 사이, 남편 데이브는 안락의자에서 꼼지락거리면서 그녀를 진정시킬 말들을 생각하려고 애쓴다. 그리고는 끼어들기를, "그만해, 리즈. 당신 과잉반응이야."

"과잉반응이라고? 나는 그 사람한테 존중받아 마땅해. 그런데…"

"그럼 왜 그 사람이 당신에게 그러도록 내버려두었어?"

"…정말 고마워! 왜 내가 당신한테 이런 말을 하고 있는지 모르겠네."

다음에 어떤 상황이 벌어졌을지는 짐작할 수 있을 것이다. 속상한 마음을 표현하고 싶어서 이야기를 시작한 것이 씁쓸한 말다툼으로 변한 것이다. 대부분의 관계에서 이런 일이 벌어진다. 한쪽은 다른 쪽에게서 공감과 지원을 바라는데, 오히려 그 사람으로부터 무시를 당하는 것이다. 그리고 결국 이해받기 원했던 바로 그 사람에게 화를 내게 된다.

> "누가 좋은 조언을 못하겠는가?
> 그건 돈이 들지도 않고, 아무런 희생도 요구하지 않는다."
> _ 로버트 버튼

상대방의 고조된 감정을 접하고 어떻게 해야 할지 모를 때 이런 상황이 벌어진다. 우리는 상대방이 냉정을 찾고, 그를 화나게 한 것을 극복하는 데 도움을 주고 싶다. 그래서 현명한 해결책이라고 생각되는 것을 말하며 끼어든다. "좋아, 그럼 당신이 선택할 수 있는 게 뭔지 보자"라든가 "그 일 그만두라고 내가 말했지"와 같이 말하거나 혹은 "야, 너무 심각하게 받아들이지 마." "그런 뜻이 아니었을 거야. 너무 신경 쓰지 마"라고 당사자의 생각을 바꿈으로써 상황을 바꿔보려고 한다. 설상가상으로, "야, 일이 있다는 것만으로도 기쁘게 생각해야지"라든지, "그걸 가지고 뭘 그래. 내가 겪었던 거 기억 안 나?"라고 말함으로써 상황을 가벼이 여기기까지 한다. 상대방을 달래려는 의도에서 하는 말일지 모르지만, 그런 말들은 남의 기분을 모르고 하는 말로 받아들여진다. 상대방에게는 "그렇게 느끼다니 너 참 어리석다"라고 들리는 것이다.

"배려는 가장 위대한 것이며, 가장 중요한 것이다."

_프리드리히 본 후겔

그런 일이 부모와 자녀 사이에 일어날 때는 특히 미묘한 상황이 된다. 스티브와 티나 로빈슨은 딸 낸시 때문에 나를 찾아왔다. 낸시는 총명하고 매력적인 아홉 살 난 아이인데, 언제부턴가 다른 아이들과 문제를 일으키기 시작했다. 그 아이는 호전적이고 참을성이 없으며 관대하지 못하게 행동을 했고, 그 결과 친구들을 잃게 되었다. 낸시의 부모는 어떤 일이 있었는지 알고 나서 딸아이와의 대화를 시도했다. 그들은 딸에게 우정의 중요성과, 사람들과 잘 지내지 못했을 때 어떤 결과가 나올 수 있는지에 대해 조목조목 훌륭한 조언을 해주었다. 그러나 낸시는 오히려 우울하고 부루퉁해졌다. 로빈슨 부부는 계속해서 노력했지만, 그들의 노력은 오히려 낸시에게서 폭발하는 분노를 낳을 뿐이었다.

나는 낸시에게 무엇 때문에 화가 나는지 물었다. "없어요"라고 아이는 대답했다. 몇 차례 더 다른 말로 질문했더니 마침내 "잘 모르겠어요"라고 말했다. 나는 "무언가 잘못된 게 있을 거야. 너는 좋은 아이니까"라고 덧붙이며 부드럽게 다시 물었다. 그러자 낸시는 역시 잘 모르겠다고 답을 하긴 했지만, 이번에는 그 답을 알아내려고 노력하는 듯 보였다. 잠시 정적이 흐른 후 낸시는 "나는 첫째로 태어났으니까 제일 먼저 죽을 거예요"라고 불쑥 말을 하더니 흐느껴 울기 시작했다.

동생이 태어났을 때부터 낸시의 행동이 변하기 시작했다는 사실이 드러났다. 새로 태어난 형제자매에게 적응하는 데서 생기는 어려움과 나이가 더 많으면 먼저 죽을 거라는 생각이 섞이면서 두려움과 외로움이 낸시를 덮친 것이었다. 그러나 부모의 반응은 충고와 지시뿐이었고, 그들은 둘 다 첫째가 아니었기 때문에 낸시의 독특한 분노를 이해할 수 없었다. 낸시에게 필요했던 것은 감정을 표현할 방법을 스스로 찾도록 인내심을 갖고 지속적으로 도와줄 사람이었다.

사람들이 화가 날 때는 보통 두 가지 요소가 개입된다. 상황 그 자체에 좌절하는 것, 그리고 외로움을 느끼는 것이 그것이다. 우리는 사람들로부터 "나는 문제가 있어"라는 말만을 듣기 때문에 그런 사실을 인식하지 못한다. 그 말은 도움을 요청하는 듯이 들리기 때문에, 우리는 충고로 답을 한다. 그러나 그들이 진정으로 원하는 것은 외로움을 좀 덜 느끼는 것이다. 그들은 당신이 자신들을 배려하고 있다는 것을 느끼고 싶은 것뿐이다. 그들의 고통을 인정하고 공감해주지 않은 채 상황을 고치려고 들면, 그들의 눈에는 우리가 거리를 두고 그들의 진짜 고통을 회피하려는 것처럼 보인다.

문제의 핵심은 정서적인 문제에 우리가 논리적으로 반응한다는 사실이다. 그들이 원하는 것은 위로와 관심이다. 해결책만을 제시한다면 우리의 반응은 그들에게 "당신이 화가 나거나 상처를 입었다는 사실은 나에게 중요하지 않아"라는 말로 들릴 것이다. 그건 마치 "아스피린 두 알 먹고 자고, 나한테 아침에 전화하지 마"라고 말하는 것과 같다.

당신이 관심을 갖고 있는 사람들이 화가 나 있을 때는, 해결책을 제시하기 전에 당신이 그들을 배려하고 있다는 사실을 보여라. 그렇게 하지 않으면 그들이 느낀 분노가 당신에게 향할지 모른다. 그들 가슴에 쌓여 있던 분노가 당신에게로 퍼부어질 것이다. 그들은 "넌 이해 못해!"라고 고함을 치고, 당신은 "물론 이해해. 하지만 그건 네가 해야만 하는 거야"라고 답할 것이다. 그들이 당신에게 배려하지 않는다고 비난하면, 당신은 "내가 배려하지 않는다니 무슨 말이야? 배려하지 않는다면 왜 내가 너에게 이런 해결책을 주겠니?"라고 답할 것이다. 드디어 에너지 전이가 일어난다. 당신이 화가 나고 그들은 냉정해지는 것이다.

그들의 기분이 어떻든 간에, 당신은 그들에게 공감한다는 것을 드러내라. "어머, 그런 일이 나한테 일어났다면 나도 엄청 화가 났을 거야"라거나, "그런 일이 생기면 나도 너무 싫을 거야"라든가, "나도 전에 비슷한 일이 있었어. 끔찍했지"라고 말하라. 그렇게 하면 그들의 외로움이 수그러질 것이다.

그리고 나서 그 다음 단계로 나아가는 것이다. 그들이 자신의 감정을 완전히 느낄 수 있도록 도와라. "기분 많이 안 좋지?"와 같은 질문으로 시작하는 것이 상대방으로 하여금 털어놓고 이야기하도록 하는 훌륭한 방법이 될 것이다. 일단 말을 하기 시작하면 그들은 냉정을 되찾을 것이고, 자연스럽게 건설적인 논의가 이어질 수 있을 것이다.

> 당신이 상대방을 얼마나
> 배려하고 있는지 알고 나서야
> 상대방은 당신의 충고에
> 귀를 기울이게 된다.

- 상대방을 판단하려 들지 말고 상대방이 감정을 충분히 표현할 수 있도록 함으로써 상대방의 기분에 관심이 있음을 나타내라.

- 이야기를 할 필요가 있음에도 불구하고 상대방이 침묵하고 있음이 감지되면, 누가, 무엇을, 언제, 왜, 어디서 등의 질문을 해라.

- 아직도 상대방이 다 털어놓지 않았다고 생각되면, "정말 기분이 안 좋지?"라거나 "얼마나 무섭니?"라고 질문을 해서 더 속 깊은 이야기를 할 수 있도록 도와라.

- 대답이 모호하다면, "죽고 싶은 기분이에요"라거나 "너무 무서워서 잠을 잘 수가 없어요"와 같은 대답이 나올 때까지 부드럽게 질문을 계속하라.

- 상대방이 요청하지 않는다면 조언을 하지 않는 게 좋다. 조언을 원하는지 원하지 않는지 잘 모르겠다면, 도움이나 제안을 원하는지 직접 물어보라.

40

준비되지 않았다고
생각하며 물러선다

"긴장은 나에게 활력을 준다. 도움이 된다.
  긴장되지 않을 때, 편하다고 느껴질 때 나는 오히려 걱정이 된다." _마이크 니콜스

"의심이 유쾌한 상태는 아니다.
  그러나 확신은 불합리한 상태이다." _볼테르

변호사인 폴은 나이 50세에 거의 탈진하기 직전이었다. 스트레스로 지치고, 사무실 내의 권력 관계에 신물이 나고, 통근하느라 피곤했으며, 자신의 도움으로 석방된 원고가 나쁜 짓을 하는 악몽에 시달렸다. 결국 그는 안식년을 갖기로 결심하고 자기 집 근처에 작은 변호사 사무실을 열기로 했다. 재정적인 위험이 따르는 계획이긴 했지만, 가족들이 가계 규모를 줄이는 데 동의만 해준다면 잘될 것 같았다.

다행히도 그의 아내와 아이들은 그의 결정을 받아들여주었다. 그리고 회사에 알려야 할 때가 왔을 때도 가족의 생각은 흔들리지 않았다. 그런데 갑자기 불안해지기 시작한 것은 폴 자신이었다. 나를 찾아왔을 때 그는 그 계획을 그만두려 하고 있었다. 그는 "두려워요. 무슨 큰 실수를 하고 있는 것 같아요. 아직 준비가 안 됐나 봐요"라고 말했다.

그는 삶에 큰 변화가 생길 때, 혹은 새로운 일을 착수할 때면 누구에게나 생기는 오해에 시달리고 있었던 것이다. 폴은 자신이 불안하게 느끼는 것은 준비가 되지 않아서라고 생각했다.

우리가 계획하는 일이 어떤 관계에 헌신하는 것이든, 새로운 일을 시작하는 것이든, 아이를 갖는 것이든, 다른 이에게 마음을 드러내는 것이든, 우리는 침착한 준비 상태, 즉 아무런 긴장도 불안도 망설임도 의심도 없는 신화적인 마음 상태를 갖기를 종종 기대한다. 불안감을 느끼면 아직 준비가 제대로 되지 않아서 그런 것이라고 생각한다. 그런데 이런 생각에 빠지는 것은 정말 위험하다. 삶을 돌이켜보면, 우리가 후회하는 일은 우리가 이미 한 일이기보다는 하기를 원했지만 하지 못한 일이기 때문이다.

사실, 도전이나 실질적인 변화에 직면하면 불안해지는 것이 정상이다. '내가 이걸 해낼 수 있을까' 혹은 '내가 잘하고 있는 걸까'라는 식의 생각이 머릿속을 왔다 갔다 하는 것이 당연하다. 그런데 그런 생각에 매이게 되면 우리는 우리가 할 수 있는 것 이상으로 나아가지 못한 채 멈추게 된다. 대신 약간의 긴장은 우리의 정신과 감각을 깨어 있게 하는 데 필요하다는 사실을 받아들이면, 상황을 타개할 수 있고 그 결과가 무엇이든 효과적으로 반응할 수 있게 된다. 영화에서와는 달리 현실의 삶에서는 영웅들조차도 세상을 구하기 전에는 신경이 팽팽해지는 긴장감을 느낀다. 세계적으로 유명한 운동선수들이나 배우들도 실전에 나서기 전에는 조마조마하기 마련이다. 그러나 그들은 그런 상태에 익숙할 뿐만 아니라, 긴장된 에너지를 동기부여와 효과적인 행동으로 바꾸는 것을 몸으로 익혔다.

이런 식으로 불안하고 날카로운 상태를 당황과 혼동해서는 안 된다. 당황하면 우리는 스스로를 가두게 된다. 당황은 우리를 무능력하게 만들고, 효과적으로 반응하지 못하게 한다. 폴이 당황한 상태였다면 나는 준비가 덜 되었다는 그의 판단에 동의했을 것이다. 그의 계획이 비현실적이었어도 마찬가지였을 것이다. 그가 일을 그만둔 뒤에 저축한 돈으로 야영용 트레일러를 사고 순회 연주를 하면서 가족을 부양할 것이라고 했다면, 나는 그의 불안에 공감했을 것이다. 그러나 그는 문제를 해결하는 데 필요한 적절한 조치들을 차근차근 준비해왔다. 그가 느낀 불안은 삶의 중요한 변화를 시작하려는 책임감 있는 가장으로서 너무나 자연스러운 것이었다.

준비됨과 대비됨의 차이에도 주목할 필요가 있다. 준비되어 있다는 것은 일어날지 모르는 우발적 상황에 대처할 자원을 가지고 있다는 것을 의미한다. 한편, 대비되어 있다는 것은 어떤 특정한 상황에 요구되는 것을 지니고 있음을 의미한다. 예를 들면, 나는 이혼의 과정을 겪고 있는 사람들을 무수히 돌보아왔기 때문에 이혼과 관련해서는 어떤 질문에도 대답할 '준비'가 되어 있다고 느낀다. 그러나 이런 경험에도 불구하고 정신의학과 학생들에게 이혼에 대해 훌륭한 강의를 하는 것은 미리 원고를 써보고 리허설을 해보지 않는 한 '대비'가 덜 된 일이다. 나보다 전문성이 부족한 사람도 훌륭한 강의를 준비하여 해낼 수 있다. 그러나 그 사람이 강의할 대비가 되었다고 해서 이혼으로 고생하는 사람의 질문에 답하거나 조언을 잘할 수 있는 준비가 되어 있는 것은 아닐 것이다.

당신이 느끼는 염려는 대비의 부족을 드러내는 징후이지, 준비 부족을 드러내는 것은 아닐지 모른다. 그런 경우라면, 철저한 대비로 불안을 잠재울 수 있다. 그러나 모든 의심과 예민해진 신경을 한 번에 일소할 수 있을 거라고 기대하지 마라. 그러한 생각은 내가 종종 말하는 '무위험의 오류(zero-risk fallacy)'를 일으킬 수 있다. 인생에 있어서 그런 보장은 있을 수 없다. 우리는 다른 인간과 함께 살아가기 때문에 늘 불확실성이 존재하기 마련이다. 그렇기 때문에 이미 결혼을 한 사람들은 곧 신부나 신랑이 될 사람들이 겁먹는 것을 보면서 껄껄거리며 웃는다. 그들은 결혼을 앞둔 사람이라면 누구든 무언가 성스러운 징후가 나타나 모든 의심들을 말끔히 없애주기를 희망한다는 것을, 낭만적이긴 하지만 전혀 현실적이지 않은 이런 소망을 가진다는 것을 아는 것이다.

도전이란, 불편함을 없애는 것이 아니라 지금 준비가 되어 있음을 깨닫는 것이다. 불안감이 완전히 사라질 때까지 기다린다면, 너무 오래 기다린 나머지 인생이 당신을 스쳐 지나가버릴지도 모른다.

긴장감을 느낀다는 것이 준비가 되지 않았음을 의미하는 것은 아니다.

- 준비가 되지 않았다는 느낌 때문에 물러서고 싶다면, 잠시 멈추어라.

- 왜 준비되지 않았다고 생각하는지 스스로에게 물어보라. 그리고 그 이유들을 모두 종이에 적어라.

- 준비되었다고 느끼려면 어떤 일이 이루어져야 하는지 자문하라.

- 그러한 전제조건들이 이루어질 가능성은 얼마나 되는지 자문하라. 그렇게 되려면 당신은 무엇을 해야 하는가? 그 일은 시간과 노력을 들일 만한 가치가 있는가?

- 대비가 되어 있는지 아닌지 자신에게 물어보라. 대비하는 데 필요한 것이 무엇인지를 경험 있는 사람에게 물어보고 객관적인 견해를 구하라.

- 하려다 그만두었던 과거의 상황들을 생각해보라. 돌이켜 생각해 볼 때, 그것은 현명한 결정이었는가, 후회스러운 결정이었는가?

당신은 지혜로운 사람입니다

현재의 모습에 연연하지 않고
무한한 미래의 가능성을 향해 마음을 열고 기다릴 줄 아는 당신,
자신이 하고 싶은 말을 하기보다는
다른 사람의 이야기에 조용히 귀 기울일 줄 아는 당신,
대박의 환상, 성공한 이들의 화려함에 취하지 않고
진정한 최후의 승자가 되기 위해
다른 이들의 실패를 타산지석으로 삼을 줄 아는 당신,

당신은 진정 지혜로운 사람입니다.

여기, 당신을 위한 '실패에서 배운다' 시리즈가 있습니다

아인앤컴퍼니는 도서 판매 수익금의 1%를 '사랑의 열매'에 기부하고 있습니다.
EIN & Company 경영실패사례집 시리즈 '실패에서 배운다'

마케팅편 1
Marketing is War 피말리는 마케팅 전쟁 이야기

로버트 F. 하틀리 지음 | 김민주·송희령 옮김 | 692쪽 | 24,500원

일류 기업들의 운명을 가른 마케팅 성공과 실패 사례 소설 읽듯 술술

- 펩시콜라와 코카콜라의 콜라 전쟁에서 최후의 승자는 누가 될까?
- 보잉과 에어버스의 항공기 전쟁은 과연 누구의 승리로 끝날까?
- 거대공룡기업 IBM은 어떻게 도태의 위기를 넘길 수 있었을까?
- 패스트푸드업계의 거인 맥도날드는 왜 휘청거리게 되었을까?
- 무엇이 월마트를 세계 최대의 유통업체로 만든 것일까?

  등 30여 가지 사례 수록.

리더십편 1
당신을 성공으로 이끄는 1% 리더십

데이비드 도트리치·피터 카이로 지음 | 서영조·정지연 옮김 | 232쪽 | 11,500원

**무엇이 그 승승장구하던 CEO들을 실패로 몰고 갔을까?
리더를 실패로 몰고 가는 내면의 11가지 함정과 그 해결책**

- 자만심의 함정 "나만 옳고 다른 사람들은 모두 틀려!"
- 다혈질의 함정 "언제 어디로 튈지 모르는 예측불허의 당신!"
- 지나친 신중함의 함정 "도대체 언제 결정을 내릴 건지!"
- '정치성'의 함정 "겉으로는 Yes, 속으로는 No. 어쩌란 말이야?"
- 완벽주의의 함정 "큰일은 잘못되어도 사소한 일은 완벽하게!"

1% 리더십이란?

- 성공하는 리더로서의 자질과 능력을 99% 갖췄으면서도 가장 중요한 1%인 자기 내면의 함정을 극복하지 못하면 실패하는 리더가 되기 마련입니다.

창업편 1
자기사업의 성공, 실패에서 배워라

엘리자베스 K. 피셔 지음 | 박완신 옮김 | 184쪽 | 9,500원

자기사업을 성공적으로 이끌어가기 위해 피해야 할
11가지 실수와 그 실수를 피하는 방법

국제경영편 1
My Life, My Gas 나의 인생, 나의 방귀?

데이비드 릭스 지음 | 정지연 옮김 | 232쪽 | 11,500원

제3자에게는 재미있지만 당사자에게는 곤혹스러운
국제 비즈니스에서의 황당한 실수들

경력관리편 1
불황기엔 경력관리에 모든 것을 걸어라

로나 오코너 지음 | 서영조 옮김 | 304쪽 | 12,500원

불평분자에서 긍정적인 인재로 거듭나기, 상사를 나의 후견인으로 만들기 등
경력관리에 성공하고 나아가 인생에서 성공할 수 있는 현실적이고 구체적인 방법